Wilhelm Hauff,
ein Erfolgsschriftsteller im 19. Jahrhund

Das Vorspiel war eine Anthologie, ein Gebrauchsbuch für Studenten und Soldaten, die in den Befreiungskriegen gegen Napoleon für eine gemeinsame Sache gekämpft hatten: den deutschen Nationalstaat nach französischem Vorbild. Der Tübinger Burenschafter, der 1824 von der Universität abgegangen war und sich anschickte, die Stelle eines Hofmeisters bei einem hohen Beamten des württembergischen Kriegsministeriums anzutreten, eignete seine bei J. B. Metzler erschienene Sammlung von ›Kriegs- und Volks-Liedern‹ Seiner Exzellenz, dem Königlich Württembergischen Kriegsminister und General der Infanterie, dem Grafen Friedrich von Franquemont »in tiefster Ehrerbietung« zu. Genau ein Jahr später, im August 1825, trat der junge Autor unter doppelter Vermummung wieder aus der Kulisse: ›Der Mann im Mond‹, eine schon in Tübingen begonnene Novelle, wurde dem erfolgreichen Heinrich Clauren unterschoben; die ›Mittheilungen aus den Memorien des Satans‹, E. T. A. Hoffmanns ›Elixieren des Teufels‹ verschwistert, erschienen anonym bei dem jungen und wenig bekannten Verleger Gottlieb Friedrich Franckh in Stuttgart, der zwei Jahre vorher einem anderen Tübinger Stiftskopf zum Debüt verholfen hatte: Wilhelm Waiblinger mit seinem ›Phaëton‹.

Die Camouflage der anonymen und pseudonymen Erscheinungsweise zeigte unmittelbare Wirkung. Während sich der Berliner Hofrat Carl Heun, der sich des Anagramms »H. Clauren« bediente, mit »Warnungen« in Zeitungen und Zeitschriften gegen seinen Imitator wandte und schließlich sogar durch einen in zwei Instanzen geführten Prozeß mit Franckh für eine kaum beabsichtigte Öffentlichkeit sorgte und damit bald andere Nachahmer auf den Plan rief, wurde der »Verfasser der Memoiren des Satan« von Zeitschriftenmachern und Almanach-Herausgebern um Beiträge angegangen. Hauff lieferte nach Kräften Novellen und Rezensionen nach dem Grundsatz, lieber in *fünf* Zeitschriften mit *einem* Beitrag als in *einer* Zeitschrift mit *fünf* Beiträgen vertreten zu sein. Eine für schwäbische Verhältnisse erstaunliche und früh entwickelte Fertigkeit im Umgang mit Herausgebern und Verlegern, denen die Frage nach dem zu erwartenden Honorar als Vorbedingung jeder Mitarbeit vorgelegt wurde, korrespondiert eine andere Fähigkeit, Kritiker für sich einzunehmen. Das Erstaunen und die Freude des Verlegers über die unerwartet rasche Resonanz auf die ›Memoiren des Satan‹ im ›Literatur-Blatt‹, der Beilage zum ›Morgenblatt‹, das schon vierzehn Tage nach Fertigstellung des Buches Rühmendes verbreitete, kommentierte Hauff mit der Bemerkung, er werde sich des Vorteils eines solchen Erfolgs zu bedienen wissen.

1 *Wilhelm Hauff.*
Kreidezeichnung von J. Behringer (1826).
Originalgröße.

Für Hauff konnte die Besprechung vom 2. September 1825 durch den Stuttgarter Literaturpapst Wolfgang Menzel so überraschend nicht gewesen sein, denn der Studienfreund Moriz Pfaff wurde davon verständigt, daß er Menzel eines seiner Autorenexemplare übergeben habe. Menzels Anspielung auf stilistische Parallelen bei Clauren in der Rezension werden erst durch die Kenntnis dieser Zusammenhänge verständlich, und die ansonsten berechtigten Zweifel an seinen Anekdoten erscheinen jetzt in neuem Licht: Gegenüber Gutzkow brüstete sich Menzel später, Hauff überhaupt erst den Rat gegeben zu haben, seine triviale Geschichte vom ›Mann im Mond‹ als Clauren-Persiflage auszugeben.
Hauffs Verbindungen zu Menzel blieben in Stuttgart offensichtlich nicht geheim. Im ›Bemerker‹, der Beilage zum Berliner ›Gesellschafter‹, erschien im Frühjahr 1826 von einem Stuttgarter Korrespondenten der Beitrag ›Wie wird jetzt in Deutschland ein literarischer Name nicht erworben, sondern fabriziert?‹, der Menzel und Hauff – allerdings unter falschen Voraussetzungen – gegenseitiger Lobhudelei bezichtigte. Beide protestierten wie aus einem Munde – und für Hauff blieb es nicht der einzige öffentliche Protest gegen die Unterstellung seiner Verfasserschaft. Hauff erwähnte, wiederum gegenüber Pfaff, am 1. März 1826, daß im vergangenen Winter zehn Rezensionen für Menzels ›Literatur-Blatt‹ entstanden; sie konnten bisher nicht ermittelt werden. Auch das Redaktionsexemplar des ›Morgenblatts‹, das die Honorarempfänger verzeichnet, gibt keine Anhaltspunkte. Auffallend ist nur die Vielzahl der Beiträge, für die Menzel Honorar bezog.
Mit den beiden Premieren vom August 1825 war das Pulver des wegen seiner raschen Produktion bald getadelten jungen Autors indessen noch keineswegs verschossen: am 4. November kam das erste Buch unter seinem Namen an die Öffentlichkeit, der ›Mährchen-Almanach auf das Jahr 1826‹, wie die ›Memoiren des Satan‹ auf Fortsetzung angelegt und als »Erster Jahrgang« gekennzeichnet. Der ausschließlich mit eigenen Beiträgen gefüllte Almanach, in dieser Erscheinungsform ungewöhnlich, wenn auch die Stoffe auf vielfältige Lektüre und Anregungen zurückgehen, stellt mit seinen Nachfolgern auf die Jahre 1827 und 1828 die eigentliche schriftstellerische Leistung des Frühverstorbenen dar.
Der ›Mährchen-Almanach‹ blieb zunächst ohne große öffentliche Resonanz. Hauff war, als der Band erschien, auch bereits zu einem neuen Vorhaben unterwegs: Ende November 1825 lieferte er die ersten 12 Kapitel der romantischen Sage ›Lichtenstein‹ bei Franckh ab; die am 1. Mai 1826 angetretene siebenmonatige Bildungsreise nach Frankreich, Holland und Norddeutschland konnte aus dem Erlös des am 18. April 1826 erschienenen dreibändigen Werkes selbst finanziert werden.
Angeregt wurde Hauff diesmal von dem »großen Unbekannten«, wie der erfolgreiche Verfasser historischer Romane, Walter Scott, allenthalben genannt

wurde. Seine fabrikmäßige Romanproduktion hatte in Deutschland eine Flut von gleichzeitig erscheinenden Übersetzungen und Nachahmungen zur Folge, und Franckh war, neben einem halben Dutzend anderer Verlage, seit kurzem an der Ausbeutung der ergiebigen Flöze beteiligt: Die von Hauff eingeräumte und vom Verleger propagierte Abhängigkeit von Scott wurde von der Kritik nur zögernd mitgemacht. Talentvoll, aber stets unter fremden Federn, lautete das Urteil über den ›Lichtenstein‹, dessen »vaterländische«, von Hauff intendierte geschichtsbildende Tendenz von den Zeitgenossen nicht erkannt worden ist.
Noch von der Reise lieferte der Eilfertige weitere Manuskripte nach Stuttgart und an die auf Beiträge begierigen Zeitschriften- und Almanach-Herausgeber: den zweiten Teil der Satansmemoiren, die ›Phantasien im Bremer Rathskeller‹, die ›Controvers-Predigt über H. Clauren und den Mann im Monde‹, Korrespondenzberichte. Die Novelle ›Die Bettlerin vom Ponts des arts‹ erhielt Cotta für sein ›Morgenblatt‹ als Köder für die nun anlaufenden Verhandlungen wegen der Übernahme der Redaktion ebendieses Blattes. Hauff unterrichtete Cotta nicht ohne Grund im einzelnen über seine Verhandlungen mit anderen Redaktionen in Frankfurt, Paris, Bremen und Leipzig.
Die Zusammenarbeit mit Cotta als dem »ersten und respektiertesten Buchhändler Deutschlands«, der Schiller, Goethe und Herder verlegte, kam Ende 1826 zustande. Die Wahrung seiner eigenen Autorenrechte ließ ihn allerdings die Fesseln eines vom Verleger aufgesetzten Redaktionsstatutes für das ›Morgenblatt‹ übersehen. Schon nach wenigen Tagen kam es zum Konflikt mit Johann Friedrich Cotta, dem »Eigenthümer« des Blattes, das Hauff vom 1. Januar 1827 bis zu seinem Tod am 18. November des gleichen Jahres unter für ihn bedrückenden Umständen redigierte.
Bei seinem Tod hinterließ er neben einigen unvollendeten publizistischen Arbeiten den Entwurf einer Oper und die bisher nicht aufgefundenen Vorarbeiten für einen Roman über Andreas Hofer, den Helden des Tiroler Aufstands gegen Napoleon. Ein dritter Teil der ›Memoiren des Satan‹ war für das Frühjahr 1828 in Aussicht gestellt. Mit der Sammlung seiner ›Novellen‹ in drei Bänden und der ›Phantasien und Skizzen‹, die 1827/28 herauskamen, hatte der Autor bereits nach zwei Jahren literarischer Tätigkeit sein verstreutes Werk geordnet.
Wilhelm Hauff, ein Modedichter des 19. Jahrhunderts? Seine geringe Originalität, die Abhängigkeit von Angelesenem und die atemberaubende Fähigkeit, den literarischen Geschmack seiner Zeit zu treffen, sich einmal Aufgenommenes rasch anzuverwandeln, ja, die zu beobachtende Scheu, eigenen Konzepten den Vorzug vor eingeführten Zeitschriften oder Almanachen zu geben: alles spräche dafür, daß Hauffs Name nur noch den wenigen Kennern vertraut wäre.
Doch das Gegenteil scheint der Fall zu sein. Nicht nur das 19. Jahrhundert feierte ihn in zahlreichen Gesamtausgaben und Einzeleditionen. Allein in den ersten

fünfzig Jahren unseres Jahrhunderts wurden seine Sämtlichen Werke in 27 Ausgaben vorgelegt und vom ›Lichtenstein‹ erschienen noch einmal fünf Dutzend Einzelausgaben. Hauffs Sagen, Skizzen, Novellen und Märchen wurden für die Bühne, die Oper, den Film, das Papier- und Schattentheater entdeckt. Manche seiner Titel – wie ›Zwerg Nase‹ oder ›Das kalte Herz‹ – sind in den allgemeinen Sprachgebrauch übergegangen. Seine »fremde« Originalität, die ihm die Zeitgenossen vorwarfen, hat sich auf die Nachwelt übertragen, die seine Bilder und Geschichten im literarischen und außerliterarischen Bereich ausbeutet: Der Bau eines Schlosses nach einer »romantischen Sage« von Wilhelm Hauff ist der sichtbarste Beweis.

2 Der Lichtenstein – ein Puzzle. Herausgegeben von der Fremdenverkehrsgemeinschaft Schwäbische Alb und Albvorland im Landkreis Reutlingen (1981).

1802 **29. November** Wilhelm Hauff wird als 2. Kind des Regierungs-Registrators August Friedrich Hauff (1772–1809) und der Hedwig Wilhelmine geb. Elsässer (1773–1845) in Stuttgart, Auf dem kleinen Graben Nr. 1358, 2. Stock (heute: Eberhardstraße 23), geboren.

Die Familien Hauff und Elsässer gehören der württembergischen Ehrbarkeit an: Der Großvater, Johann Wolfgang Hauff (1721–1801), ist Landschaftskonsulent in Stuttgart, Karl Friedrich Elsässer (1746–1815), der Großvater mütterlicherseits, Obertribunalrat in Tübingen. Zur näheren Verwandtschaft gehören die Familien Haug, Grüneisen und Kerner.

Die Karriere des Vaters war am 10. 1. 1800 durch eine Denunziation des österreichischen Armeekommandos in Württemberg jäh unterbrochen worden. Zusammen mit anderen bezichtigte man ihn »sträflicher Verbindungen mit den Franzosen zur Errichtung einer deutschen Republik« (Kerner) und arretierte ihn auf der Festung Asperg. Ende Februar »aus besonderer Gnade gegen juratorische Kaution« vorläufig wieder entlassen, wurde er erst im September 1800 freigesprochen und rehabilitiert.

Wilhelm Hauffs älterer Bruder: Hermann (1800–1865), 1817 Student der Medizin und – neben stud. theol. Karl Ludwig Sand (1795–1820) – Mitglied der Tübinger Burschenschaft, 1825 Arzt in Schwaigern, dort 1827 verheiratet mit Friederike geb. Braun; seit März/April 1827, zusammen mit Wilhelm, in der Redaktion des ›Morgenblattes‹, das er nach dessen Tod bis 1865 redigiert; seit 1847 zugleich Bibliothekar der Kgl. öffentlichen Bibliothek in Stuttgart.

1805 **25. Oktober** Geburt der Schwester Marie (gest. 1842), seit 1824 verheiratet mit Gottfried Klaiber (1796–1889), zuletzt Gymnasialprofessor in Stuttgart.

1806 **23. April** Versetzung des Vaters als Hofgerichtssekretär an das Oberappellationstribunal in Tübingen. Umzug der Familie.

1807 **17. August** Geburt der Schwester Sophie (gest. 1858), seit 1826 verheiratet mit Wilhelm Klaiber (1798–1841), dem Bruder von Gottfried; zuletzt Professor in Schönthal.

1808 Versetzung des Vaters nach Stuttgart als Geh. Sekretär beim Ministerium für Auswärtige Angelegenheiten. Umzug der Familie nach Stuttgart.

1809 **2. Februar** Tod des gerade 37jährigen Vaters. Rückkehr der Familie in das Haus Elsässer nach Tübingen, Haaggasse 15.

1809 – Sommer 1817 Besuch der Lateinschule in Tübingen, der »anatolischen Schule«.

1812/14 Ausgedehnte Lektüre in der großväterlichen Bibliothek: die »alten Klassiker, die deutschen Klassiker der zweiten Hälfte des vorigen Jahrhunderts, und in ziemlicher Zahl die Romane von Smollet, Fielding, Goldsmith u.s.w. Die neue Literatur wurde einzig und allein durch Göthe und Schiller repräsentirt . . . Daß eine so wunderliche, ja gefährliche Selbsterziehung die Brüder [Hermann und Wilhelm] nicht verdorben, ist ein großes Glück zu nennen.« (Schwab). Lektüre der Ritter- und Räuber-Romane von Vulpius, Spieß, Cramer, Fouqué.

1815 »Heimliches Rauchen im 13. Jahr. Conz, Riecke und ich suitisieren nach Rottenburg. Freundschaftliche Verhältnisse mit Schmid, Schwarzmann und Rheinwald. Aufführung des Siegfried von Lindenberg [von Johann Gottwerth Müller; 1743–1828] und Marionettentheater. Sprichwörter, Kartenspiel u.s.w. Der Neffe als Onkel [von Louis Benoit Picard; 1769–1828; 1803 von Schiller bearbeitet]. Rheinwald als Valcour.«

7. Juli Tod des Großvaters Karl Friedrich Elsässer.

15. September Stammbucheintrag für den Schulfreund Christian Heinrich Riecke (I; 1802–1865): »Mensch, sei ein Mensch, daß wenn man deinen Leib begräbt, dein Werk und dein Gedächtnis lebt!«

1817 **18. September** Nach bestandenem Landexamen in Stuttgart vorzeitige Aufnahme in das wiedereröffnete Seminar im Kloster Blaubeuren zur Vorbereitung auf das Studium der Theologie. In der ersten Promotion 39 Zöglinge, darunter Ludwig Bauer (1803–1846) und Karl Wolff (1803–1869). Hauff rangiert auf Platz 31 in der Zeugnisliste.

1818 **Mitte April/Ostern** Reise nach Reutlingen zu Wolff.

Sommer Ausflug nach Ulm. Schifferstechen.

1819 **Osterferien** Mit Riecke I in Tübingen. Ausflug nach Böblingen. Ausflug nach Hechingen, auf den Hohenzollern und nach Rottenburg.

29. Mai Erster erhaltener Brief von Riecke I aus Stuttgart; in Zukunft häufige Berichte über die Turnbewegung von Friedrich Ludwig Jahn (1778–1852) und die Aktivität der Burschenschaften.

15. Juni Eine Deputation der Tübinger Burschenschaft lädt den in Stuttgart weilenden Jean Paul Friedrich Richter (1763–1826) mit einem von stud. theol. Albert Knapp (1798–1864) verfaßten Schreiben zum Waterloofest ein. Riecke I berichtet: »Er gab ihnen aber eine abschlägige Antwort und sagte nachher, er fürchte sich vor ihren Bärten und Stöcken.«

3. August Angeregt durch Rieckes I Schilderung der seit Mai im ehemaligen Officiers-Pavillon in Stuttgart (Königstraße 10–12) ausgestellten Sammlung Boisserée Beschreibung des Blaubeurer Hochaltars. Bekundet lebhaftes Interesse an den Sitzungen des einberufenen württembergischen Landtags.

24. August Ausflug nach Feldstetten.

20. September Ratifizierung der Karlsbader Beschlüsse durch den Bundestag des Deutschen Bundes: Scharfe Maßnahmen gegen die nationalen und liberalen Bewegungen.

Mitte – Ende September Riecke I in Blaubeuren.

Ende September – Anfang Oktober Mit Riecke I in den Herbstferien in Tübingen. Interesse für den Ablauf der Verfassungsfeier – 28. 10. 1819 – in Stuttgart.

7. November Hofft mit Unterstützung seines Onkels, des Oberregierungsrates Carl Christoph Heinrich Grüneisen (1764–1831), die Tübinger Universität ein Jahr früher beziehen zu können.

25. November Nachträgliche Verfassungsfeier der Seminaristen von Urach und Blaubeuren bei Feldstetten; Rede von Mörikes späterem Freund, Ludwig Bauer. Eduard Mörike (1804–1875) nimmt als Uracher Seminarist teil.

23. Dezember Frühestes datierbares Gedicht: ›Wilhelm der lieben Mutter an ihrem Geburtstage‹; in Zukunft häufig Gelegenheitsgedichte.

Weihnachten Ferien in Ulm.

1820 **Ende Januar** Krankenlager (»Frieselausschlag«). Examensvorbereitungen.

Anfang April/Ostern Gemeinsam mit stud. theol. Magnus Friedrich Zeller (1803–1843) nach Schorndorf. Mit Riecke I in Tübingen. Mit Hermann Hauff in Ulm.

19. Mai Stellungnahme des Ephorus Jeremias Friedrich Reuß (1775–1850), Blaubeuren, zum vorzeitigen Abgang Hauffs auf die Universität: »Der Seminarist Hauff würde, wenn die Bitte seiner Mutter erfüllt würde, . . . höchstwahrscheinlich ernstlich fortstudieren, auch auf dem bereits eingeschlagenen Wege der Tugend und Religiosität gut fortschreiten. Vorzüglich an Gaben und Kenntnissen ist er so wenig als zu geringhaltig.«

29. Mai Erlaß des Kgl. Studienrats über die vorzeitige Entlassung Hauffs zum Studium.

1. Juni »Morgens schlechte Predigt.« Ausflug nach Schelklingen.

11. Juni Ausflug nach Weilheim/Teck.

Juni Lebhafter Austausch mit Riecke I über Sands Hinrichtung und die württembergische Ständeversammlung.

um den 20. September Abgang vom Seminar Blaubeuren, zusammen mit Zeller. »Erlösung vom Jammerthal. Reden. Abschied. Ausritt nach Feldstetten. Ball in Kirchheim.«

2./3. Oktober Prüfung zur Aufnahme ins Stift in Stuttgart: Lateinisch, Griechisch, Hebräisch, Teutsch und Rhetorik, Mathematik, Philosophie, Geschichte, Geographie und Physik.

Anfang Oktober Bei Riecke I in Stuttgart. Besuch der Boisserée'schen Sammlung. Aufenthalt in Roßwag in der Familie des Pfarrers Jo-

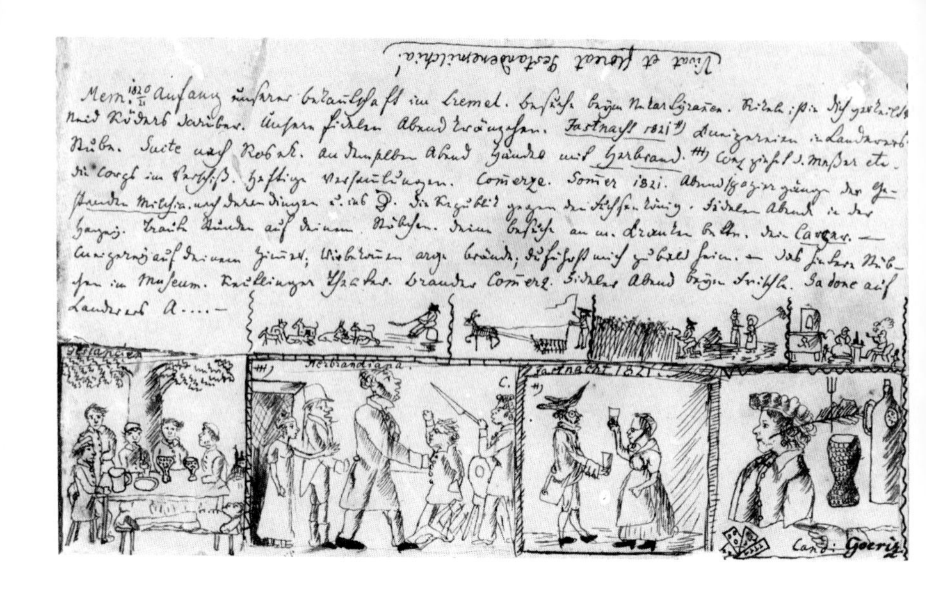

3 Wilhelm Hauff, Stammbuchblatt für Karl Göriz (1820/21). Verkleinert.

hann Christian Klaiber (1749–1822) und Erligheim bei Pfarrer Christian Gottlob Friedrich Geiger (geb. 1784), verheiratet mit Karolina (Lina) geb. Klaiber. »Bekanntschaft mit Nane [Klaiber; gest. 1822]. (Schöne Zeit!)« Mit Wilhelm und Gottfried Klaiber, seinen späteren Schwägern, nach Tübingen.

um den 15. Oktober Eintritt ins Tübinger Stift mit 49 Stipendiaten.

Winter »Sehnsüchtige Gedanken an die schönen Tage in R[oßwag].« Freundschaft mit dem Stiftler Wilhelm Friedrich Frisch (1802–1827), mit stud. theol. Adolf Heinrich Christian (1802–1863), stud. cam. Karl Göriz (1802–1853) und stud. iur. Friedrich Freiherr von Röder (1803–1855), die dem Tübinger Burschenverein beitreten, wie sich die Burschenschaft »Germania« in der Folge der Karlsbader Beschlüsse nennt. »Kränzchen bei Göriz und Riecke. Suite nach Roseck. Händel mit dem Corps. Unruhige Zeit. Versammlungen.« Besuch in Erligheim bei Pfarrer Geiger.

1821

28. März Antrag an das Inspectorat des Stifts, im kommenden Semester in der Stadt wohnen zu dürfen.

Zeugnis, 1. Semester: Gaben: Ziemlich gute Fassungs-, gute Urtheilskraft, gutes Gedächtniß. Fleiß: Anhaltend und zweckmäßig. Lectionen besuchte er unausgesezt. Sitten: Gut. 1 mal Weinentzug. Latein: Gut. Griechisch: Minder gut. Hebräisch: Ziemlich gut. Logik: Gut. Psychologie: Gut.

12. April Strafen seit 21. 11. 1820: insgesamt 6, wegen Herumtreibens, Unpünklichkeit und unziemlicher Kleidung.

Ende April/Ostern »Lustige Tage bei Haugs [in Stuttgart]. Roßwag. Annäherung an N[an]e. Abschied!?! Eilig heim!! Der unglückliche Brief an Ne. Rückkehr nach Tübingen.«

22. Mai Vorwürfe von Lina Geiger wegen seines Verhaltens zu ihrer Schwester, Nane Klaiber.

ab Sommer Wohnt als Stadtstudent des Stifts bei seiner Mutter, Haaggasse 15. Bekanntschaft mit stud. med. Friedrich Christoph Theurer (1800–1844).

18. Juni Mit Genehmigung des Inspectorats Teilnahme am Waterloofest auf dem Tübinger Wöhrd zum Jahrestag der Besiegung Napoleons, 1815.

Ausflüge nach Hechingen, Niedernau, Reutlingen, Stuttgart.

9. August Nane Klaiber an Hauff: ». . . zwischen uns beiden ist manches vorgefallen, was niemals hätte geschehen sollen.«

Mitte September Zeugnis, 2. Semester: Gaben: Ziemlich gute Fassungs-, gute Urtheilskraft. Gutes Gedächtniß. Fleiß: Anhaltend und zweckmäßig. Lektionen besucht er unausgesezt. Sitten: Gut. 4 mal Weinentzug. Latein: Gut. Griechisch und Hebräisch: Ziemlich gut. Spekulat. Philosophie: Ziemlich gut. Geschichte: Gut.

27. September Strafen seit 13. 4.: 20, u. a. wegen unziemlicher Kleidung.

nach dem 28. September Reise mit Theurer, Riecke I, stud. iur. Viktor Adolf Riecke (II, 1805–1857) und stud. iur. August Ludwig Reyscher (I, 1802–1880) über Schwäbisch Gmünd nach Ellwangen; Ausflug nach Schrezheim; zurück über Aalen; mit stud. iur. Moriz Pfaff (1803–1875) über Heidenheim – Ulm. Allein über Stuttgart – Tübingen.

nach dem 2. November Wintersemester. »Fideles Jungburschensemester. . . Konstituierung ordentlicher Kränzchen« der sog. »kleinen Compagnie« oder »Feuerreiter«. Zu diesem Kreis gehören: Christian (Kneipname »Cocles«); Frisch; Göriz (»Schnee«); stud. cam. Carl Christian Knaus (»der Kameralverwalter«; 1801–1844); stud. med. Johann Friedrich Köhler (»Dr. N. N.«; 1803–1846); stud. iur. Gustav Pfaff II (»der Lange«; 1803–1869); Moriz Pfaff I (»das Pfäffle«), Riecke I und II; Röder (»der Reichsbaron«); stud. iur. Max von Seybothen (»Max«; 1803–1879). Hauff erhält den Kneipnamen »Bemperlein« oder »Bömperlein«. Später kommen hinzu: stud. iur. Anton Stabel (»Tone«; 1806–1880) und stud. iur. Gedeon Weizel (»Gedeon«; 1807–1872).

Beim ersten Kränzchen trägt Hauff ein Lob des Teetrinkens als Gedicht vor.

Hauff tritt dem »Musikkranz Fidolia« bei. Ausflug nach Hechingen. Besucht den Ball der im Februar 1821 gegründeten Museumsgesellschaft, ein Zusammenschluß des »Burschenlesekranzes« mit der Lesegesellschaft der Professoren.

24. November Gedicht auf den Jahrestag der Verfassungsfeier: »Zu hoher Festes-Freude . . .«

27. November Erste Lokation des Novizen-Semesters: Hauff an 12. Stelle seiner Promotion (= 50 Studenten).

21. Dezember Weihnachtsferien in Tübingen. Erster überlieferter Brief an Pfaff I.

1822

23. Januar Rechtfertigung gegenüber den »Feuerreitern« wegen seiner Beteiligung an den wöchentlichen Musikkränzchen der »Fidolia«, die auch von Burschenschaftern frequentiert werden. Hauff gehört der Burschenschaft im Gegensatz zur Mehrzahl der »Feuerreiter« offiziell noch nicht an.

Ausflug nach Rottenburg.

28. März Zeugnis, 3. Semester: Gaben: Ziemlich gute Fassungs-, gute Urtheilskraft, gutes Gedächtniß. Fleiß: anhaltend und zweckmäßig, Lektionen besucht er unausgesezt. Sitten: Gut.

4 Wilhelm Hauff, Stammbuchblatt für Georg Friedrich von Schweizerbarth (August 1821). Ausschnitt in Originalgröße.

5 mal Weinentzug. Spekulat. Philosophie: ziemlich gut. Praktische Philosophie: gut. Strafen seit 28. 9. 1821: 17, u. a. wegen Unpünktlichkeit und wegen unziemlicher Kleidung.

Anfang April/Ostern Aufenthalt in Bondorf bei Pfarrer Daniel Christian Heinrich Hauff (1769–1847). Predigten und erste Kinderlehre. Danach Kinderlehre in Tübingen.

22. April Lokation: Hauff auf der 10./12. Stelle seiner Promotion (= 49 Studenten).

Beginn des Sommersemesters Rede in der »kleinen Compagnie«: ›Das Leben ist kurz, die Kunst ist lang‹.

Mai Lina Geiger teilt Hauff den Tod ihrer Schwester Nane Klaiber mit und gibt ihm seine Briefe zurück.

21. Mai Rede in der »kleinen Compagnie« über Freundschaft und Liebe.

18. Juni Waterloofest auf dem Tübinger Wöhrd im Beisein der Herzogin Henriette von Württemberg. Reden von stud. iur. Karl Wächter (1798–1874), stud. cam. Eduard Kolb (1798–1865), Albert Knapp, stud. iur. Christian Klüpfel (1802–1846) und Frisch, die alle der Burschenschaft angehören. Neben dem Stiftsrepetenden Karl August Mebold (1798–1854) und anderen trägt Hauff das Gedicht »Seid mir gegrüßt im grünen Lindenhain . . .« vor.

3. Juli Aufnahme in den Tübinger Burschenverein. Im Zusammenhang damit vermutlich das Gedicht ›Die Seniade, ein scherzhaftes Heldengedicht in vier Gesängen von HB [Hauff-Bömperlein]‹ auf den entfernt verwandten stud. med. Friedrich Wilhelm Hauff (1802–1825), einen der führenden Burschenschafter, der mit anderen im sog. Jünglingsbund die Herstellung einer geistigen und politischen Einheit Deutschlands propagierte.

5 *Wilhelm Hauff, Stammbuchblatt für Karl Göriz: Museumsball in Tübingen (20. 12. 1822). Verkleinert.*

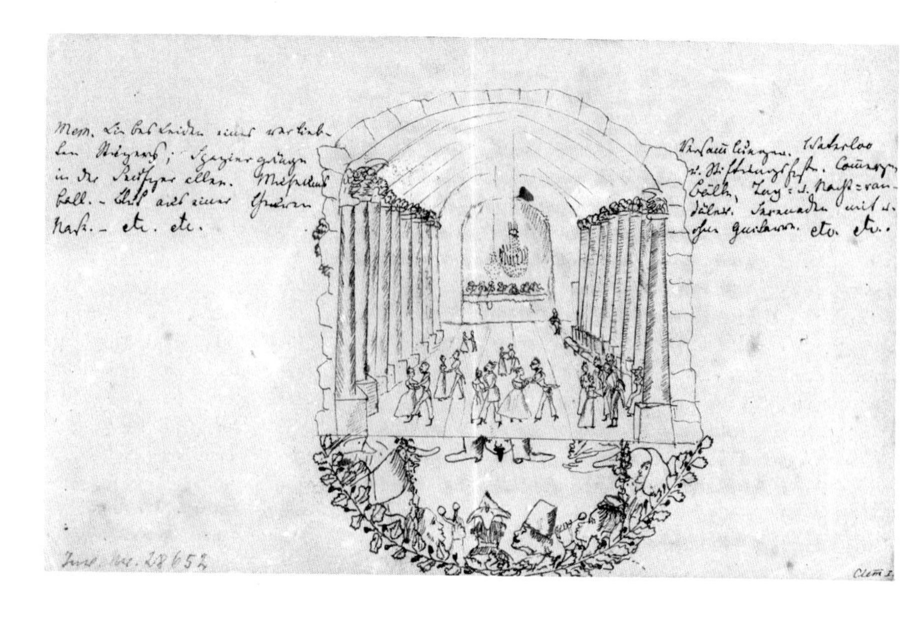

6 *Wilhelm Hauff, Stammbuchblatt für Luise Hauff: Der Guitarrenunterricht in Nördlingen (10. 10. 1822). Ausschnitt in Originalgröße.*

26. August Gedicht ›Körners Totenfeier‹, gesprochen in der Versammlung Tübinger Burschen. Karl Theodor Körner (1791–1813), der patriotische Dichter der Befreiungskriege, war am 28. 8. 1813 als Lützower Jäger gefallen.

Mitte September Zeugnis, 4. Semester: Gaben: Ziemlich gute Fassungs-, und Urtheilskraft, gutes Gedächtniß. Fleiß: anhaltend und zweckmäßig. Im Locus antwortet er gut. Sitten: gut, gefällig. 3 mal Weinentzug. Exegetik und Dogmatik: zieml. gut. Strafen seit 1. 4.: 10, darunter zweimal wegen Unpünktlichkeit.

September Austritt aus dem Burschenverein.

September/Oktober Zusammen mit Pfaff I, stud. theol. Carl Daniel Poths (geb. 1802), stud. theol. Ludwig Friedrich Schlaich (1801–1879) und stud. theol. Ludwig Faber (1802–1863) Reise an den Rhein: Tübingen – Weil der Stadt – Pforzheim – Karlsruhe – Speyer – Mannheim – Worms – Mainz – Koblenz – Neuwied – Rüdesheim – Wiesbaden – Darmstadt – Heidelberg – Heilbronn – Tübingen.

Herbst Erste handschriftliche Gedichtsammlung: ›Poetische Versuche eines Narren‹.

Wintersemester Hauff wird »Ehrenmitglied der Burschenschaft«. »Berühmter Museumsball.«

22. November Strafen seit 27. 9.: 2.

1823

Januar Gedichte ›An die Freiheit 1823‹ und ›Freiheit-Hoffnung‹.

6. März Gedicht auf den Schlußkommers der Burschenschaft: ›Abschiedslied‹.

März/April Zeugnis, 5. Semester: Gaben: Gute Fassungs- und Urtheilskraft. Gutes Gedächtniß. Fleiß: Anhaltend und zweckmäßig. Im Locus antwortete er gut. Lectionen besuchte er sehr fleißig. Sitten: gut, anständig. 9 mal Weinentzug. Exegetik, Dogmatik, Moral: gut.

21. April Lokation: Hauff auf der 10. Stelle seiner Promotion (= 48 Studenten).

18. Juni Waterloofest auf dem Tübinger Wöhrd. Hauffs Festgedicht »Reiß ab den Trauerflor, der dich verhüllte . . .«

7 Wilhelm Hauff, Stammbuchblatt für Unbekannt: Tübinger Studenten. Verkleinert.

September Gedicht auf den Schlußkommers der Burschenschaft: ›Den abgehenden Brüdern im Herbst 1823‹.

27. September Strafen seit 20. 3.: 27, darunter wegen versäumten Kirchgangs, wegen Unpünktlichkeit und unziemlicher Kleidung.

Zeugnis, 6. Semester: Gaben: Gute Faßungsgute Urtheils-Kraft. Gutes Gedächtniß. Fleiß: Anhaltend und zwekmäßig. Im Locus antwortete er gut. Die Lectionen besuchte er unausgesezt. Sitten: Rechtschaffen, gebildet. 5 mal Weinentzug. Exegetik, Dogmatik, Moral: Gut. Homiletik: Seine Predigt war gut disponirt, und ausgeführt, mit Würde vorgetragen. memor[ita] = auswendig.

Ende September – 13. Oktober Besuch bei Seybothen in Ulm. Mit stud. iur. Karl Wilhelm Supf (1803–1882), Wolff und Poths auf einer Ulmer Schachtel nach Donauwörth. Allein nach Nördlingen zu Margarete Barbara Eberhardine Hauff geb. Wünsch, der Witwe des Oberamtmanns Johann Heinrich Ludwig Hauff, eines Vetters seines Vaters. Neigung zu deren Tochter Luise (1806–1867). Besuch der Rimlinger Kirchweih. Kasino- und Ballbesuch. »Öffentlicher und geheimer Briefwechsel durch Fräulein Wucherer« mit Luise.

Spätherbst Bekanntschaft mit dem Privatdozenten Karl Hase (1800–1890), dem er seine »poetischen Versuche« vorliest.

15. Dezember Lokation: Hauff auf der 11. Stelle seiner Promotion (= 46 Studenten).

1824

Januar mit Vetter Wilhelm August Hauff (1799–1847) in Nördlingen Austausch über das Vorgehen der Zentraluntersuchungskommission Mainz gegen die Burschenschaften.

19. Februar Erster erhaltener Brief an Luise Hauff. Übersendet Lieder für Guitarre und erkundigt sich nach dem Nördlinger Ball und anderen Fasnachtslustbarkeiten.

März/April Zeugnis, 7. Semester: Gaben: gute Fassungs- u. Urtheilskraft, gutes Gedächtniß. Fleiß: anhaltend und zweckmäßig, im Locus antwortet er gut. Lectionen besuchte er fleissig. Sitten: gut, gebildet, nicht geordnet. 10 mal Weinentzug. Exegetik, Dogmatik, Moral, Kirchengeschichte: gut. Homiletik: hat im Seminar nicht gepredigt.

13. April Beklagt sich über den bayerischen König Max Joseph I. (1756–1825), der 17 Studenten verhaften ließ und zwei Staatsbeamte entlassen hatte.

18. April/Ostern Predigt. »Reise mit Reibel, Röder, Kosak, den beiden Mannhardts, Froriep nach Aalen.« Weiter nach Nördlingen. Ausflug nach Wallerstein. Verlobung mit Luise. »Entdeckung der Mutter. Glückliche Stunden!« Ausflug zum Kloster Christgarten im Karthäusertal. Rückkehr nach Tübingen.

3. Mai Inspectoratsbericht des Stifts: »Hauff, Sitten gut.«

21. Juli – August Luise erstmals in Tübingen im Elternhaus ihres Bräutigams. Gedicht: ›Dank für den Glückwunsch der Kompagnie bei Luisens Ankunft in Tübingen im Sommer 1824‹.

August Abschlußprüfung. Zeugnis: Kräftige Gesundheit. Normal entwickelt. Differenzierte Ausdrucksfähigkeit, gute Stimme. Geziemendes Auftreten. Hinreichend gute Begabung. Ausgebildete Urteilskraft. Treues Gedächtnis. Leicht lesbare Handschrift. Gute und ehrbare Sitten. Genügend ausdauernder Fleiß. Kaum ausreichende [finanzielle?] Mittel. Sein theologisches Studium hat er mit recht gutem Erfolg betrieben. Die heilige Predigt hat er gut gegliedert und ausgearbeitet, dann auswendig gehalten. In der Philologie und Philosophie ist er ziemlich gut bewandert.

29. August Gesuch des Inspectorats an den Kgl. Studienrath, Hauff mit Rücksicht auf seine finanzielle Lage und auf Bitten seines künftigen Dienstherrn 10–14 Tage vor den Ferien aus dem Studium zu entlassen.

6. September Der Kgl. Studienrath stimmt dem Antrag des Inspectorats zu, Hauff früher aus der Universität zu entlassen.

29. September Auf Antrag der Mainzer Zentraluntersuchungskommission werden in Tübingen Mitglieder des Jünglingsbundes verhaftet und am 30. 9. wegen Hochverrats auf dem Asperg festgesetzt. Bei der Verurteilung am 25./26. 5. 1825 erhalten die Freunde Knaus 2 Jahre, Kolb 4 Jahre, Mebold 2½ Jahre. Friedrich Wilhelm Hauff stirbt an den Folgen der Haft am 30. 6. 1825 bei den Bondorfer Verwandten. Ludwig Uhland (1787–1862), damals Abgeordneter von Tübingen im Württembergischen Landtag, wird als Verteidiger der Studenten nicht zugelassen.

Ende September Erste Veröffentlichung: *›Kriegs- und Volks-Lieder‹, [Herausgegeben von Wilhelm Hauff]. Stuttgart: J. B. Metzler 1824.* Anthologie mit 144 Liedern und Gedichten u. a. von Ernst Moritz Arndt, Joseph von Eichendorff, Friedrich de la Motte-Fouqué, Goethe, Johann Peter Hebel, Justinus Kerner, Theodor Körner, Friedrich Müller, Novalis, Friedrich Rückert, Schiller, Friedrich Schlegel, Gustav Schwab, Isaak v. Sinclair, Ludwig Tieck, Ludwig Uhland. Neben einigen Liedern von Tübinger Studiengenossen (Albert Knapp und Eugen Ludwig Bardili) von Hauff u. a. ›Treue Liebe‹ (»Steh' ich in finsterer Mitternacht . . .«) und ›Reiters Morgenlied‹.

Oktober Ferien. Vermutlich in Nördlingen, »in einem Meer von Wonne«. Von dort aus Reise nach Nürnberg mit Pöx[?].

8 Titelblatt der Erstausgabe. Herausgegeben von Wilhelm Hauff. (fehlerhaftes Titelblatt: Erschienen bei J. B. Metzler).

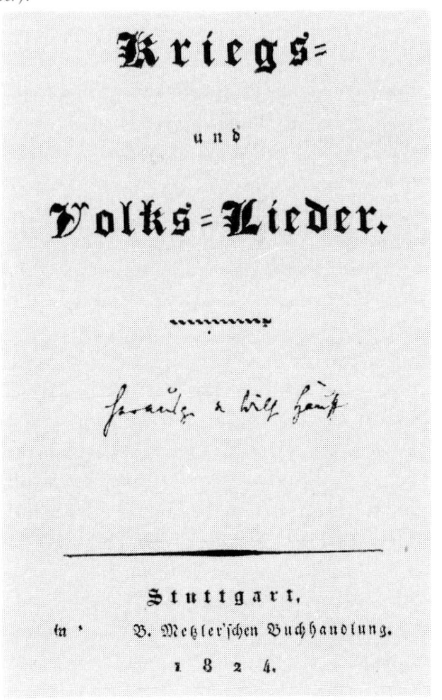
Kriegs=

und

Volks=Lieder.

Stuttgart,

in B. Metzler'schen Buchhandlung.

1824.

27. Oktober – 30. April 1826 Hauslehrer der Söhne von Generalleutnant und Präsident des Kriegsministeriums Ernst Eugen Freiherr von Hügel (1774–1849) und seiner Frau Luise Ernestine geb. Freiin von Gemmingen-Guttenberg (1782–1834) in Stuttgart, Ecke Charlottenstraße/Charlottenplatz.

Aus einem Bericht an Pfaff I vom 23. 11. 1824 über seine »Hofmeisterey«: »Nicht nur daß ich in dem Hause mit aller Liebe, genugsamer Hochachtung, gut Essen und Trinken bedient werde, nicht nur daß meine Seelöwen [seine Schüler] wenn ich sie nur ein wenig im Kappenzaum reite sich recht gut anlaßen und mir, so viel ich biß jezt verspühre, keinen Kummer machen, nicht nur – sondern auch es ist heute hübsch Wetter . . . Den ganzen Tag biß Abends 4 oder 5 Uhr habe ich nichts zu thun, da könnt ihr euch nun denken wie erwünscht mir eine lustige Gesellschaft wäre die mir die Zeit todtschlagen hälfe; so aber habe ich das Glük die H. H. Candidaten zu sehen nur von 2–3. Da geht es nun meistens in die göttlichen Anlagen, die der Teufel erfunden hat; da begegnet man dann den göttlichen Schwäbinnen und Jägerinnen, macht göttliche Complimente, spricht von göttlichen Museums-Tänzen und den göttlichen Examen und langweilt sich göttlich. Hol mich der Teufel ich fluche allemal im Stillen einige kleine Sacramentlein wenn ich nach Hause gehe. . .«

7. November Predigt in der Stuttgarter Schloßkirche.

12. Dezember Stiftungsfest der Burschenschaft Germania in Tübingen. Hauff schreibt das Gedicht: »Geist des Bundes schwebe nieder. . .«

1825

11. Februar Treffen der »kleinen Compagnie« in der Post in Waldenbuch, bei der Hauff die ›Phantasie für den September 1850‹ vorliest. Teilnehmer: Adolf, Christian, Frisch, Göriz, Köhler, Pfaff I und II, Reyscher I und II, Riecke I, Röder, Stabel, Weizel.

nach dem 22. März Wolfgang Menzel (1798–1873) trifft von Heidelberg kommend auf dem Wege nach München in Stuttgart ein. Am 11. 4. 1825 bietet ihm Cotta die Redaktion des ›Literatur-Blattes‹ beim ›Morgenblatt‹ an. Lernt Hauff kennen: »In nahe Berührung kam ich mit dem talentvollen jungen Dichter Wilhelm Hauff, der aber schon 1827 starb. Ich hatte nur eins an ihm zu tadeln, daß er mit seiner angenehmen Schreibart nicht immer eine richtige Auffassung des Gegenstandes verband.‹ (Menzel)

Vermutlich vor dem 15. April Offeriert Metzler das Manuskript des ersten Märchen-Almanachs. Titelvorschlag: ›Caravane von Mecca‹.

9 »Wie Bemperle mit s. Buben spazieren geht!« Selbstporträt mit den Hügel'schen Zöglingen. Aus dem Brief an Moriz Pfaff v. 23. 11. 1824. Verkleinert.

Der erste ›Mährchen-Almanach‹
Wilhelm Hauffs Angebot an seinen Verleger

1824 waren bei Metzler in Stuttgart die ›Kriegs- und Volks-Lieder‹ erschienen, deren Sammlung von den burschenschaftlichen Zirkeln an der Universität in Tübingen angeregt worden war. Inzwischen war Hauff Magister im von Hügel'schen Haus in Stuttgart, wo er, in seinen beiden Zöglingen »aus den höheren Ständen«, ein dankbares Publikum für seine Märchen fand. Erstaunlich bei dem damals erst 22jährigen Autor ist die Sicherheit, mit der er den denkbaren Leser- und Abnehmerkreis umreißt; auch das Gefühl für den richtigen Umfang des Bandes, die Ausstattung ist bereits entwickelt. Die wünschenswerte Bebilderung stellte er dem Verleger anheim, aus Kostengründen, wie vermutet werden kann. Der Band erschien ohne Kupfer.
Der Nachdruck, mit dem er auf die Originalität seiner Märchen hinwies, verdeckte die vielfältigen Anregungen, die Hauff aus der Lektüre der Erzählungen aus Tausendundeiner Nacht oder aus den ›Kinder- und Hausmärchen‹ der Gebrüder Grimm bekommen hatte. Auch zeitgenössische französische und deutsche Autoren – darunter etwa der mit soviel Spott übergossene H. Clauren mit seiner Erzählung ›Der Grünmantel von Venedig‹ für die ›Geschichte von der abgehauenen Hand‹ – regten den jungen Autor an, der sich seine Themen auf eine originäre Weise anverwandelte. Der Brief an Erhard wird hier zum ersten Mal mitgeteilt.

Hauff an Heinrich Erhard vom Verlag J. B. Metzler, Stuttgart

[vor dem 15. April 1825]

Euer Wohlgeboren,
habe ich die Ehre anbey das Manuscript des ›Mährchen-Almanachs auf das Jahr 1826‹, zuzusenden. Erlauben Sie daß ich den Plan deßselben noch einmal wiederhole. Er ist für Mädchen oder Knaben von 12–15 Jahren und giebt 7 meist orientalische Mährchen, wie sie für dieses Alter paßen; ich habe versucht sie so intereßant als möglich zu machen, habe dabey das streng-sittliche immer beobachtet ohne jedoch die Mährchen auf eine Nutzanwendung oder »fabula docet« hinauslaufen zu laßen. Das Ganze zu welchem noch ein Vorwort gehört, möchte meiner Meinung nach 12–15 Drukbogen geben, sollte das Manuscript nicht zu 12 Bogen reichen so wünsche ich zwischen dem 4 u. 5ten noch ein Mährchen einzuschalten. Das gewöhnliche Almanachs Format und eine gewiße Eleganz im Aeußern würden das Buch sehr empfehlen. Einige Kupfer zu welchen sich Stoff genug findet würde ich dazu wünschen, doch folge ich in dieser Hinsicht gerne Ihrem, als des Ehrfahrenem, Rathe.

Ich biete nun Euer Wohlgeboren dieses Manuscript an; weit entfernt meine eigene Arbeit zu preißen mache ich Sie nur darauf aufmerksam, daß die Idee eines solchen Almanachs neu und besonders in höhern Ständen vielleicht nicht unwillkommen ist, daß die Mährchen alle neu erfunden, keine ältern Geschichten wieder erzählen, daß endlich das Ganze unter dem Titel der *Caravane von Mecca* immer benüzt werden kann.
Ich schließe mit der Bitte mich nicht allzulange auf Antwort warten zu laßen und bin

mit vollkommener Hochachtung
Euer Wohlgeboren
Gehorsamer Diener
Wilhelm Hauff.

15.–20. April Reise nach Nördlingen. Auf der Rückreise nach Stuttgart mit Luise Hauff ein Tag in Ellwangen bei Riecke I; Ausflug nach Schrezheim.

30. April Konfirmandenbrief für Julius von Hügel (1810–1884), einen seiner Zöglinge.

6. Juni Erste nachweisbare Verbindung mit dem Stuttgarter Verleger Friedrich Gottlob Franckh (1803–1845). Bezieht von ihm die Werke [Theodor?] Körners und Adolf Müllners.

15. Juni Hauff bezieht bei Franckh die Schlegel'sche Shakespeare-Übersetzung (8 Bde).

Sommer Aufenthalt mit der Familie von Hügel auf dem Gemmingen'schen Schloß Guttenberg bei Gundelsheim.

Juli Hauff bezieht bei Franckh Madame de Staël, ›Corinna‹ in der Übersetzung von Dorothea Schlegel, Johann Peter Hebel, ›Alemannische Gedichte‹ und Christoph Ernst von Houwald, ›Das Bild‹ (Tragödie).

3. August Hauff bezieht bei Franckh die Scott'schen Romane ›Der Pirat‹, ›Waverley, oder Schottland vor sechzig Jahren‹, ›Kenilworth‹, ›Der Alterthümler‹, ›Nigel's Schicksale‹ und ›Robin der Rothe‹; Goethes ›Faust‹; ›Das befreite Jerusalem‹ von Torquato Tasso; die Bände 12–15 der Körner'schen Schiller-Ausgabe.

Mitte August In 625 (statt der vertraglich verabredeten 500) Exemplaren erscheint: *›Mittheilungen aus den Memoiren des Satan.‹ Herausgegeben von ****f. Stuttgart: Friedrich Franckh 1826.*
Von seinen 12 Autoren-Exemplaren erhalten die Studienfreunde Pfaff I und II, Seybothen, Riecke I und II sowie Röder je ein Exemplar. Weitere Exemplare sind für Luise Hauff und Menzel reserviert.

Zweite Hälfte August In 875 (statt der vertraglich festgelegten 700) Exemplaren erscheint: *›Der Mann im Mond oder der Zug des Herzens ist des Schicksals Stimme‹. Von H. Clauren. Erster und Zweiter Theil. Stuttgart: Friedrich Franckh 1826.*

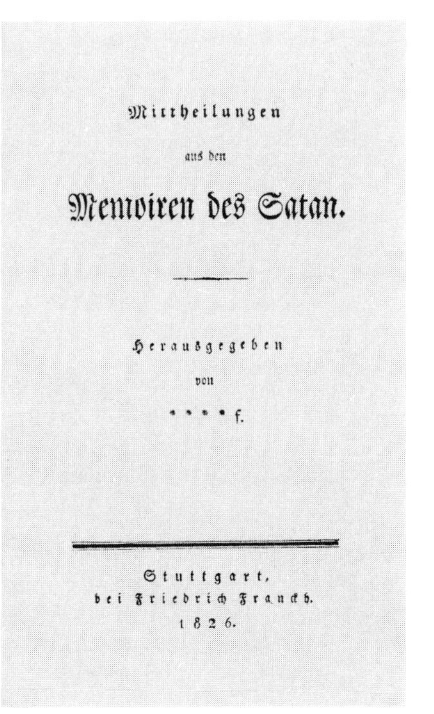

Mittheilungen

aus den

Memoiren des Satan.

Herausgegeben

von

* * * * f.

Stuttgart,
bei Friedrich Franckh.
1826.

10 Titelblatt der anonym erschienenen Erstausgabe.

11 Friedrich Gottlob Franckh. Lithographie von B. Weiß nach einer Zeichnung von J. H. Winterhalter. (Archiv der Franckh'schen Verlagsbuchhandlung, Stuttgart).

Die anonym erschienenen ›Memoiren des Satan‹ und der dem überaus erfolgreichen Vielschreiber Carl Gottlieb Heun (Ps. H. Clauren; 1771–1854) unterschobene ›Mann im Mond‹ machen den 23jährigen Autor mit einem Schlag bekannt.

2. September Erste Besprechung der ›Memoiren des Satan‹ durch Menzel im ›Literatur-Blatt‹, Nr 70, Beilage zum ›Morgenblatt‹: »Der Styl dieser Memoiren ist zu loben. Die leichte, geschwätzige Prosa, meist frivol wie von Clauren, oft sarkastisch wie von Hoffmann, sollte fast eine norddeutsche Feder voraussetzen lassen, wenn nicht so mancher polemische Zug wahrscheinlich machte, daß sie in Schwaben gewachsen.«

3. September Hauff an Unbekannt: »Franckh ist seit gestern wie ein Narr . . . und es fehlte wenig, so wäre er mir um den Hals gefallen. Ich werde übrigens seine Rührung für meinen Beutel zu benützen wissen. Ich bin doch sehr glücklich . . . ein wenig Talent zu besitzen; denn um den Namen und um das Geld, das man dadurch bekommt, ist es doch etwas Schönes.« (Klaiber)

Anfang September Luise Hauff kehrt nach Nördlingen zurück.

9. September Hauff gesteht Pfaff I die Autorschaft der ›Memoiren des Satan‹ und erinnert ihn an die Tübinger Lesungen aus der damals entstehenden Arbeit.

21. September In der ›Allgemeinen Zeitung‹, Nr 264, und später in anderen Blättern zeigt Friedrich Franckh die ›Mittheilungen aus den Memoiren des Satan‹ an.

22. September Karl Winkler (Ps. Theodor oder Guido Hell; 1775–1856), damals Mitherausgeber der in Leipzig und Dresden erscheinenden ›Abend-Zeitung‹, bittet über Franckh den Verfasser der ›Memoiren des Satan‹ um einen Beitrag.

25. September Hauff an Franckh: Moniert die ausstehende Honorarabrechnung für die ›Memoiren des Satan‹. »Sie halten mich vielleicht für einen Knaben, den man benützen und behandeln kann, wie man will, gegen den man unverschämt, ungezogen sein darf, weil er es duldet? Sie haben sich dabei in jeder Hinsicht verrechnet.«

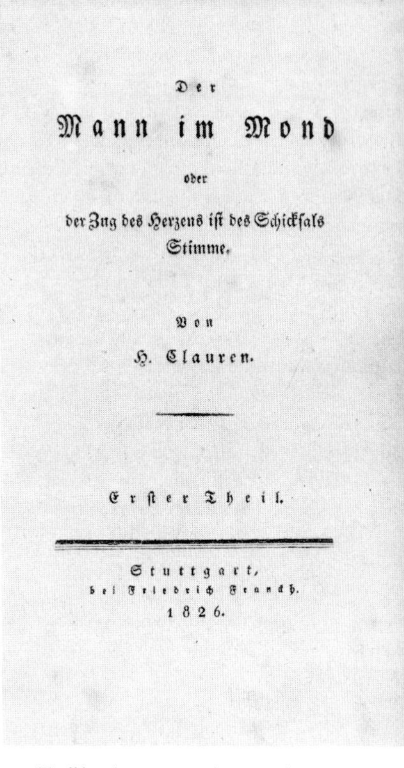
Der

Mann im Mond

oder

der Zug des Herzens ist des Schicksals Stimme.

Von

H. Clauren.

Erster Theil.

Stuttgart,
bei Friedrich Franckh.
1826.

12 Titelblatt der unter Pseudonym erschienenen Erstausgabe.

nach dem 25. September Hauff in Nördlingen.

8. Oktober Winkler im ›Wegweiser‹, Nr 81, Beilage zur ›Abend-Zeitung‹, über die ›Memoiren des Satan‹: »Es ist uns nicht möglich gewesen, zu ergründen, wer hinter der angenommenen Larve stecken möge, aber jedenfalls wird sein Werk nicht ungelesen bleiben, und tritt er erst auf die Bahn der Literatur, so können wir derselben zu einem wackeren Mitstreiter Glück wünschen.«

15. Oktober Winkler [?] im ›Wegweiser‹, Nr 83, Beilage zur ›Abend-Zeitung‹, über den Verfasser des ›Mann im Mond‹: »Wir finden ihn [Clauren/Heun] ganz auch in diesem Buche wieder, ja wir möchten, wenn es möglich wäre behaupten, er habe sich hier selbst übertroffen.«

20. Oktober Promotion zum Dr. phil. (»Philosophiae Doctorem Et Artium Liberalium Magistrum«).

27. Oktober Heun läßt in der ›Allgemeinen Zeitung‹, Nr 300, und später in anderen Blättern – darunter der Winkler'schen ›Abend-Zeitung‹ – eine ›Warnung‹ erscheinen: »Das bei Friedrich Frankh in Stuttgart, unter dem Titel: Der Mann im Mond(e) oder der Zug des Herzens ist des Schiksals Stimme von H. Clauren, in zwei Theilen so eben erschienene Werk, ist von dem, durch sein Taschenbuch ›Vergißmeinnicht‹ und andere schöngeistige Schriften, unter dem Anagramm seines Namens, bekannten geheimen Hofrathe, Karl Heun, nicht verfaßt. Dis für Buchhandlungen, Leihbibliotheken und Kaufslustige, zur Nachricht und Warnung.«

29. Oktober Im ›Intelligenz-Blatt‹, Nr 32, Beilage zum ›Morgenblatt‹, und anderen Blättern inseriert Franckh den ›Mann im Mond‹ so, als handle es sich tatsächlich um ein Produkt H. Claurens: »Die unnachahmliche Manier des Verfassers ist zu bekannt, zu beliebt, als daß sie noch irgend einer Empfehlung bedürfte.«

31. Oktober Hauff bezieht ein 12-bändiges Conversationslexikon bei Franckh.

1. November Karl Panse (1798–1871), Herausgeber der »Schrift über Sitten und Gebräuche des 19. Jahrhunderts in Monatsheften«: ›Der Eremit in Deutschland‹ (1825–1834) und Hauslehrer bei Müllner in Weißenfels, fordert den Verfasser der ›Memoiren des Satan‹ über Franckh zur Mitarbeit auf.

13 Titelblatt der Erstausgabe.

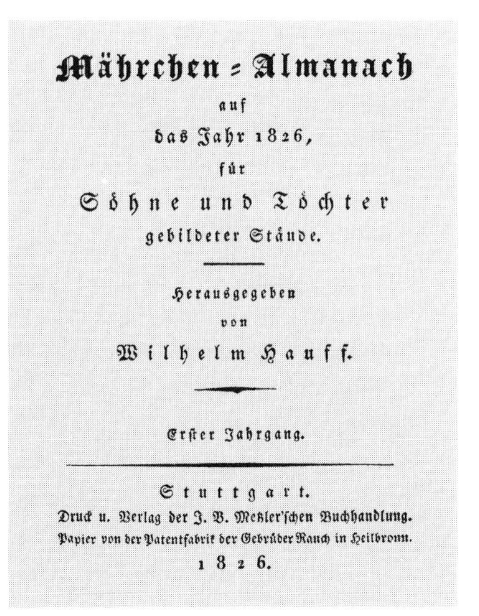

Mährchen = Almanach
auf
das Jahr 1826,
für
Söhne und Töchter
gebildeter Stände.

Herausgegeben
von
Wilhelm Hauff.

Erster Jahrgang.

Stuttgart.
Druck u. Verlag der J. B. Metzler'schen Buchhandlung.
Papier von der Patentfabrik der Gebrüder Rauch in Heilbronn.
1 8 2 6.

vor dem 2. November Heun verklagt Friedrich Franckh wegen des Namensmißbrauchs auf 5000 Gulden Schadenersatz.

3. November Hauff lernt Gustav Schwab (1792–1850) persönlich kennen und übersendet ihm am folgenden Tag ein Exemplar des ›Mährchen-Almanachs auf das Jahr 1826‹ für seine Kinder; er freue sich aber auch über das Urteil des Vaters.

4. November Ausschließlich mit eigenen Beiträgen erscheint der ›*Mährchen-Almanach auf das Jahr 1826, für Söhne und Töchter gebildeter Stände*‹. *Herausgegeben von Wilhelm Hauff. Erster Jahrgang. Stuttgart: Druck und Verlag J. B. Metzler 1826.*

Der Band enthält: ›Mährchen als Almanach‹, ›Die Caravane‹, ›Die Geschichte von Kalif Storch‹, ›Die Geschichte von dem Gespenster-Schiff‹, ›Die Geschichte von der abgehauenen Hand‹, ›Die Errettung Fatme's‹, ›Die Geschichte von dem kleinen Muck‹, ›Das Mährchen von den falschen Prinzen‹. (Die Erzählung des Räubers Orbasan, als Schluß der Rahmenerzählung).

November Hauff in Nördlingen.

5. November Menzel legt Cotta seine Kritik des ›Mann im Mond‹ vor. Das Buch habe »viel Aufsehen erregt«.

7. November Friedrich Franckh publiziert in der ›Beilage zur Allgemeinen Zeitung‹, Nr. 311, im ›Intelligenz-Blatt‹, Nr. 34, Beilage zum ›Morgenblatt‹ vom 9. 11., und in anderen Zeitungen eine ›Nothgedrungene Erklärung!‹ gegen Heuns ›Warnung‹: »Niemand kan ein Recht haben, ausschließlich einen erdichteten Namen zu gebrauchen; H. Clauren aber ist ein erdichteter Name. Selbst das preußische Landrecht II. Th. Tit. 20. §. 1440 a. b. untersagt lediglich den unbefugten Gebrauch eines fremden Familien-Namens oder Wappens. Noch seltsamer als eine solche Klage wäre es freilich, selbst zu erklären, daß man eine beißende Satyre auf sich selbst nicht selbst verfaßt habe. Jeder denkende Leser aber wird ›den Mann im Mond‹ auf den ersten Blik als Satyre erkennen, weil derselbe nicht nur alle Clauren'sche Ausdrüke, Wendungen, Schilderungen und Situationen in der höchsten Potenz wieder gibt, sondern weil auch am Schlusse des Werks in der Nachschrift H. Clauren selbst eingeführt wird, wie er mit allen Personen seiner Romane in einem Gasthause zusammentrift, und sich mit denselben vergnügt. Ueber den Erfolg der gegen ihn angestellten Klage hoft der Unterzeichnete dem Publikum bald Nachricht geben, und solches mit einem neuen Werke des geist- und talentvollen Verfassers ›des Manns im Mond‹ erfreuen zu können.«

13. November Hauff bezieht Gustav Schwabs Reisebeschreibung ›Die Neckarseite der Schwäbischen Alb‹ bei Franckh.

25. November Hauff gibt sich Winkler als der Autor der ›Memoiren des Satan‹ zu erkennen, erklärt sich zur Mitarbeit an der ›Abend-Zeitung‹ und dem von Winkler redigierten Taschenbuch ›Penelope‹ (1815–1848) bereit, bittet aber um Angabe der Bedingungen, da ihm auch das ›Morgenblatt‹ und der ›Eremit in Deutschland‹ Angebote gemacht hätten.

Der

Luftballon

oder

die Hundstage in Schilda.

Ein glück- und jammervolles

Schau-, Lust- und Thränenspiel

in beliebigen Acten,

mit Maschinerien und Decorationen, mit Spektakeln und Ueberraschungen, mit Tanz und Musik, mit Wahrscheinlichkeit und Unsinn, mit Sentimentalität und Prüderie, mit Aufzügen und Verwandlungen, mit gymnastischen Künsten, Prügel- und Liebeleien, mit Mädchen in Hosen, mit Leuten in Thierfellen, mit Statisten und wirklichem Vieh, mit einem Publikum ꝛc.

von

Heinrich Clauren.

Leipzig, 1827.

Taubert'sche Buchhandlung.

26. November Hauff an Unbekannt: »Der Schluß des November naht sich; bis dahin habe ich Franckh meinen ersten Theil vom Lichtenstein versprochen und ich muß jeden Augenblick benutzen, um fertig zu werden.« (Klaiber)

1. Dezember Ablieferung der Kapitel 1–12 der romantischen Sage ›Lichtenstein‹ an Franckh.

3. Dezember ›Contract vom Lichtenstein‹ mit der Buch- und Verlagshandlung Fried. Franckh in Stuttgart. Vereinbart werden 2 Louisd'or pro Druckbogen für die erste Auflage und für jede weitere Auflage unter 1000 Exemplaren $2/3$ des genannten Honorars, zahlbar jeweils zur Hälfte bei der Ostermesse 1826 und im Juli 1826.

Der Kriminal-Senat des Gerichtshofs für den Neckarkreis in Eßlingen verurteilt Friedrich Franckh in dem von Heuns Verleger angestrengten Prozeß wegen »Täuschung des Publikums« durch das Pseudonym H. Clauren zur Zahlung von 50 Reichstalern, zur Übernahme der Gerichtskosten und zur Rücknahme von Exemplaren des Buches von getäuschten Lesern. Franckh muß das Urteil veröffentlichen, kündigt aber Revision an. Die Anklage auf Zahlung einer Entschädigung an Heun wird abgewiesen.

In den folgenden Jahren werden H. Clauren-Fälschungen Mode: Karl Herloßsohn (1802–1849) bedient sich des Pseudonyms gleich mehrfach: ›Emmy oder der Mensch denkt, Gott lenkt‹, Leipzig: Wienbrack 1827 (erschienen 1826); ›Vielliebchen‹, Leipzig: Taubert 1827 (erschienen 1826); ›Der Luftballon oder die Hundstage in Schilda‹, Leipzig: Taubert 1827; ›Löschpapiere aus dem Tagebuch eines reisenden Teufels‹, Leipzig: Taubert 1827;

14 Eine der zahlreichen H. Clauren-Imitationen in der Nachfolge von Hauffs ›Mann im Mond‹, mit einer Widmung des Verfassers an Hauff. (Württembergische Landesbibliothek Stuttgart).

15 ›Contract vom Lichtenstein‹, aufgesetzt von Hauff und unterschrieben von Friedrich Gottlob Franckh. Verkleinert.

13

Contract vom Lichtenstein.

Der wohllöbl. Buch- und Verlagshandlung Fried. Franckh in Stuttgart übergibt Dr. Wil. Hauff einen historischen Roman:

Lichtenstein, romantische Sage aus der Geschichte Württembergs, von Wilhelm Hauff, in drei Theilen.

indem er folgende Bedingungen dabey festsetzt:

1. dieser Roman wird in demselben Façon, Format und Lettern gedruckt wie der Mann im Mond etc.
2. Der Verfasser bezieht für den Druckbogen zwei Louis d'or.
3. Er erhält 14 frei Exemplare zu seinem Privat- ~~[illegible]~~ Gebrauch, wovon zwei auf Velinpapier (weil solche gar vornehmen Händen überantwortet werden.)
4. Bey jeder neuen Auflage die Ein Tausend nicht übersteigt zwei Drittheil des anfänglichen Honorars.
5. Dieses Honorar wird ihm in zwei Zahlungen die erste in der Ostermesse 1826 die zweite im Juli 1826 entrichtet.

Sollte obgedachte verehrliche Verlagshandlung gegen einen dieser 5 Punkte etwas einzuwenden haben, so bittet der Verfasser solches zu erklären; wenn sie damit einverstanden dieser Artikel mit Ihrer ächten, bey Jüden und Christen berühmten Namensunterschrift zu beehren.

Stuttgart. den 3 Dec. 1825.

Friedrich Franckh

›Mixturen‹, Hamburg: Hoffmann und Campe 1828. Gustav Jördens (1785–1834) schreibt als H. Clauren die Erzählungen ›Lottchens gefährliche Jagd, oder der Prinz incognito‹ und ›Amors Bild. Dortchen die Entführte und die unglückliche Entdeckung‹, Leipzig 1826. Karl Friedrich Christian Niedmann, L. K. L. Seiler und andere beteiligen sich aus satirischen oder kommerziellen Gründen an dem von Hauff erfundenen Spiel.

4. Dezember Winkler offeriert 15 Rt. pro Bogen für erzählende Beiträge in der ›Abend-Zeitung‹ und in dem von ihm herausgegebenen Taschenbuch ›Penelope‹.

9. Dezember Menzel bespricht im ›Literatur-Blatt‹, Nr 98, Beilage zum ›Morgenblatt‹ den ›Mann im Mond‹ und schützt einen »namhaften Belletristen« (vermutlich Winkler) als Entdekker des ihm bis dahin angeblich unbekannten Buches vor: »Ein namhafter Belletrist, durch welchen Ref[erent] die erste Nachricht von dem räthselhaften Mondbewohner erhielt, bezeichnete denselben als das beste, was der berühmte H. Clauren bisher geschrieben.« Durch »Privatnachricht« habe er inzwischen von der Verfasserschaft Hauffs erfahren.

11. Dezember Hauff an Unbekannt: »Mit den Memoiren . . . ist immer noch ein großes Leben. Sogar das ganze Oberconsistorium hat sie gelesen; aber Alle sind mir deswegen nur noch günstiger.« (Klaiber)

13. Dezember Georg Döring (1789–1833) in Frankfurt fordert den Verfasser der ›Memoiren des Satan‹ zur Mitarbeit an seinem ›Frauentaschenbuch für das Jahr 1827‹ (1826–1831) auf.

14. Dezember Hauff an Pfaff I: »Mein Lichtenstein, woran ich con amore arbeite, beschäftigt mich zu sehr als daß ich meine Kraft zersplittern möchte.« Luise Hauff in Stuttgart bis Ende Februar 1826.

24. Dezember Methusalem Müller (1771 bis 1837), von 1816–1831 Herausgeber der ›Zeitschrift für die elegante Welt‹ (1801–1859), fordert den Autor der ›Memoiren des Satan‹ zur Mitarbeit auf und bietet 18 Taler Pr.Cr.

Winter Arbeit am Zweiten Teil der ›Memoiren des Satan‹; im ›Literatur-Blatt‹, Beilage zum ›Morgenblatt‹, erscheinen nach Angaben von Hauff gegenüber Pfaff I zehn bisher nicht nachweisbare Buchbesprechungen.

16/17 Truchseß von Waldburg und Georg von Frondsberg aus dem Schreiber'schen Papiertheater ›Lichtenstein‹ von Inno Tallavania. (Württembergisches Landesmuseum Stuttgart – Schreiber-Archiv).

»Über meinen Beruf zu schriftstellern«
Aus den Briefen von Wilhelm Hauff an Moriz Pfaff

Keinem anderen Briefpartner hat sich Wilhelm Hauff über seine Erwartungen, Hoffnungen, Aussichten und Strategien im Felde der Literatur so offen, ja bisweilen rückhaltlos und entlarvend anvertraut, wie seinem Tübinger Studienfreund Moriz Pfaff (1803–1875), der damals am Kreisgericht in Ellwangen und am Oberamtsgericht in Neckarsulm seine Assessorenzeit absolvierte. In den 17 erhaltenen Briefen aus der Zeit zwischen dem 24. Dezember 1821, als beide in Tübingen studierten, und dem 16. September 1827, die in ihrer Mehrzahl 1949 in die Sammlungen des Schiller-Nationalmuseums kamen, werden Mitteilungen über den Tübinger Freundeskreis ausgetauscht und die Stationen von Hauffs Beziehung zu seiner Kusine Luise besprochen. Hauff kritisierte Pfaffs Briefstil und machte ihm Vorhaltungen wegen seiner schwäbischen Verhocktheit, während Pfaff, wie aus den Antworten erschlossen werden darf, mit Scharfsinn und Interesse die literarischen Unternehmungen des Freundes verfolgte, beim ›Lichtenstein‹ aber offensichtlich so treffende Einwendungen vorbrachte, daß Hauff sich zu einer an Intensität und Offenheit beispiellosen Äußerung über seinen Beruf veranlaßt findet.

Bis zur Übernahme der ersehnten Redaktion von Cotta's ›Morgenblatt‹ gelten lange Passagen dem »Beruf zu schriftstellern«: den anonym erschienenen ›Memoiren des Satan‹ und dem unter H. Claurens Namen versteckten ›Mann im Mond‹ mit seinen juristischen und literarischen Implikationen; Rezensionen, Verlegeranzeigen, Einladungen zur Mitarbeit an anderen Blättern und Almanachen und die dabei verfolgte Strategie, »wenigstens eine Hand« *in möglichst vielen Blättern zu haben, Honorare und die grundsätzliche Frage nach seinem Eintritt in die Welt der Literatur durch die enge Pforte des wenig bekannten Franckh, das für damalige Verhältnisse neue und von Hauff mit Bravour gemeisterte Handwerk der Nebenrechte und ihre Auswertung spielen in diesen Briefen eine ebenso entscheidende Rolle, wie die entschlossene Absicht, sich als Redakteur oder Herausgeber einer Zeitschrift, eines Almanachs ins gemachte Bett eines bereits bestehenden Instituts zu legen und keinesfalls das Risiko einer Neugründung auf sich zu nehmen. Der Autor des ›Mann im Mond‹ bediente sich der nämlichen Taktik.*

Moriz Pfaff, der nach seinen Wanderjahren dem Zivilsenat des Kreisgerichtshofs in Ulm (1831–1841), dem Obertribunal in Stuttgart (1841–1851) und schließlich dem Geheimen Rat (1851–1870) des württembergischen Königs angehörte, stammte wie Hauff aus einer alten württembergischen Beamtenfamilie. Sein Vater Christian Gottfried Pfaff (1768–1838) war nach dem Studium der Kameralwissenschaften an der Hohen Carlsschule zuletzt Hof- und Finanzrat mit dem Ressort eines Oberzahlmeisters der Staatshauptkasse. Seine Mutter, Heinrike geb. Fischer, war die Tochter des Oberbaudirektors Reinhard Ferdinand Heinrich Fischer (1746–1813), der die Schlösser Solitude, Scharnhausen und Hohenheim gebaut und das Stuttgarter Schloß vollendet hatte.

Stuttgart den 9 Sept 1825.

. . .

Nun an den 2ten Punkt, die Memoiren des Satan. Du hast Dir aus den paar Punkten den Namen nicht übel herausgelesen und stehest in dieser Hinsicht sogar noch über den Hebräern welche die Buchstaben ohne *Punkte* lasen, denn Du liesest, was beyweitem schwerer ist, die Punkte ohne Buchstaben. Als meine Erstgeburt unter den Wehen der Preße unter den Geburtsschmerzen des Setzers hervor kam, da sann ich wie jeder Hausvater auf Pathen. Wer lag meinem Herzen in jeder Beziehung näher als Ihr meine lieben Gevatterleute, namentlich Du, mein Moriz! der Du mit sovieler Geduld meine, mitunter wenig gediegenen, Producte anhörtest, mit Scharfsinn und richtigem Tact zurechtwiesest? Aber da kam der böse Geist des Unmuthes über mich, ich dachte man könnte mich doch endlich einmal besuchen und mir auch schreiben etc. Ich unterließ es Euch diese Erstlinge zu senden. Wie sehr ich übrigens an die Compagnie dachte möge Dir der Umstand beweisen daß ich dem *Gustav* Pf. schon vor 3 Wochen, *Seybothen* sobald ich ihn sah und auch *Adolph* Exemplare überreichte. Ich habe Adolph, der Dir dieß bezeugen kann, in Tübingen zu einer Zeit da Du Deinen Brief noch nicht geschrieben hattest, gesagt daß ich ein Exemplar für Euch zurükgelegt habe, es aber nicht eher schiken werde biß mir wenigstens auch Einer ein Zeichen Eures Lebens giebt. Hier folgt nun das Exemplar; wie gerne würde ich jedem von Euch eines bieten, aber ich hatte mir nur 12 ausbedingen können und die sind (1 für Euch, 1 Pfaff, 1 Seybothen, 1 Adolph, 1 Louise, 2 für mich, 1 an Menzel) theils verbraucht, theils für ein Paar dumme Etiquette-Geschenke zurükgelegt.

Da Du, lieber Moriz, nach demselben Werkchen verlangst und Dir solches sogar à conto hast schreiben laßen wollen, so ist es als Eigenthum *Dir* zuerkannt; ich hoffe Euch in den Ferien zu sehen, wo ich dann Riecke und Röder auch welche mitbringen werde.

Und nun einige Worte über das Werkchen selbst. Ueber meinen Beruf zu *schriftstellern,* war ich mit mir einig sobald ich eine unwillkührliche Abneigung gegen die Theologie und zu gleich Kraft in mir fand soviel leisten zu können, um wenigstens nicht mit Beschämung wieder vom Schauplaze abtreten zu müßen. Nothwendiges Requisit dazu war jene »Unverschämtheit« die mancher unter Euch an mir rügte oder jenes, um mich so auszudrüken, mit einiger Eitelkeit gemischte Selbstvertrauen das mir schon über manche fatale Klippe hinüber geholfen hat. Ich sann nach in welchem Fach ich wohl etwas thun könnte. Trefflich kam mir hiebey zu Statten, daß ich in Tüb[ingen] nicht beschränkt *auf mich selbst* lebte, was zur Einseitigkeit, Mißtrauen gegen sich oder auch zu Ueberschäzung seiner Talente führen muß; daß ich mich an einen Circel von Freunden anschließen konnte der gegründet auf Jugendeindrüke und brüderlichen Sinn, hauptsächlich durch ein unsichtbares *geistiges* Band durch warme Empfänglichkeit für alles Schöne im Leben, in Literatur und Kunst zusammen gehalten wurde. In dieser brüderlichen, freien Schule wo jeder Publicum und Richter war, hier lernte ich in dem ich um Euren Beifall rang, meine Kräfte üben lernte mich selbst kennen.

Ich fand, daß etwas Mutterwitz nebst leichter, charakterisirender Erzählung vielleicht nicht ohne Wirkung seyn würden, es drängte mich über manches mich auszusprechen, ich suchte und fand zu diesen Bemerkungen einen passenden Titel (ein wesentlicher Theil eines Buches in unserer Zeit) und so entstanden die Memoiren des Satan. *Dieser* berühmte Name aber und einige Bemerkungen über unsere Orthodoxie, die ich zu unterdrüken nicht für nöthig fand, drängten mich meinen Namen wegzulaßen und nur die *Sache* zu geben.

Ich hatte erwartet, nicht in Schwaben wo man überhaupt weniger schöne Literatur zu kaufen pflegt, sondern mehr im Norden mir einigen Beifall zu verdienen; aber Dir mein Moriz, der mir soviele Theilnahme immer bewieß, dem ich immer gleich anvertraute was mir freudiges begegnete, Dir darf ich sagen [daß] die Art wie diese Memoiren aufgenommen werden bey weitem meine Erwartung übersteigt.

Das Buch war in der Zeitung *noch nicht angezeigt,* so erschien vorher schon im Literaturblatt zum Morgenblatt vom 2 Sept. eine Recension die es aufs ehrenvollste in die Welt einführt. Auf diese Recension hin stürmte alles was an Literatur Freude hatte zu Frankh, es war ein ergözliches Schauspiel wie sie sich stritten wer wohl der Verfaßer seyn könnte; noch vor der Anzeige im Merkur wurden 6 Exemplare *baar* verkauft und in den 8 Tagen seit es angezeigt wurden schon 18–20 in Stuttgart und der Umgegend allein verlangt; was umsomehr zu verwundern ist als manche Leute darauf warten könnten, biß es in die Leihbibliotheken kommt. Nicht ohne Grund darf ich hoffen auch im Norden einigen Beifall zu finden. Du kannst Dir denken wie der gute Frank über diesen brillanten Anfang entzükt ist und schwört, so etwas seye ihm im Buchhandel nicht vorgekommen. Es hätte mir gewiß auch für ihn wehe gethan wenn es nicht gegangen wäre. Man rathet unter andern auch auf mich als Verfaßer. Es liegt mir nicht viel daran, doch wenn ich gefragt werde, verneine ich es. In Stuttgart spricht man übrigens sehr viel von dem Buch und, ich darf es sagen, mit Beifall. Lache mich nicht aus, daß ich so weitläuf[ig] über diese Sache schreibe; Du wirst wißen daß man oft ein Herz braucht dem man, nicht nur seine Freude, sondern auch seinen Schmerz mittheilt und in mein[em] schöngeisterigen Cirkel, wie Du Dich ausdrükst, habe ich solche Herzen nicht zu suchen, sondern da wo sie wirklich schlagen, bey alten guten (*zwar ganz gewöhnlichen* aber guten) Freunden.

. . .

Stuttgart. den 14 Dec. 25.

. . .

Daß Euch der pseudonyme Mondbewohner einen heiteren Abend machte, freut mich, es zeugt daß Ihr, bey großer Nachsicht, jenen frischen Sinn für das Comische, namentlich nicht für die Ironie verloren habt, die uns so oft unsere Stunden würzte. Das Publicum denkt im Allgemeinen wie Ihr; namentlich wer wie Du lieber Moriz »in scriptis H. Claurii bene versatus« zu seyn sich rühmen kann, findet daß man ihm so ziemlich, wie der Teufel dem Studenten in Salamanca, seinen Schatten gestohlen hat. Die Critik der gelehrten Welt, (ich führe diß nicht an um mich zu brüsten, was wohl etwas sehr thörigt wäre, sondern weil ich weiß welch warmen Antheil Du an meinem Thun und Treiben nimmst.) diese Critik hat sich biß jezt in drei Stimmen darüber ausgesprochen, nemlich im Literaturblatt zum Morg.blt. vom 9 Dec. und in zwei Recensionen im Conversationsblatt. Diese Blätter gehören unter die Angesehensten in der teutschen Lesewelt, und ihre Stimme ist für mich von Werth.

Du fragst mich wie es mit dem Proceß wegen diesem Buche gehe? Gut und – schlecht. Ich habe dabey nichts zu thun, desto mehr mein Verleger. HE. Hofrath Heun hat diesen ohne weiteres beym Gericht verklagt und auf –: 5000 Thaler Entschädigung angetragen. Dabey war aber natürlich zweierley zu bedenken, ehe man strafte: 1) war H. Clauren ganz und gar ein angenommener Name und 2) ist in Würtemberg sogar der Nachdruk claurenscher Schriften erlaubt, um so weniger konnte es verboten seyn aus seinen beliebten Kraftausdrüken sich ein eigenes Fabricat zu weben. Seine Klage wurde demnach abgewiesen. Nun fiel es aber den Herren in Eßlingen ein daß sie gewaltig gelehrte Juristen seyen; daher behaupteten sie es seye ein dolus gegen das Publicum begangen worden, und obgleich von Seiten des Publicums sich niemand beklagt hat, im Gegentheil jedermänniglich zufrieden war, daß man jenem Berliner einmal die Augen ausgewischt habe, sezten sie auf ihre eigene Faust als Kläger und Richter dem armen Frankh eine Strafe von 50 Thaler an. Wenn er sie übrigens auch erleiden sollte so ist dieser Schaden gering gegen den Vortheil den er aus dem Buch zieht, das sehr stark abgeht und per Exempl. 5f 30× kostet; da man über diß die Lacher auf unserer Seite hat. Er ergreift übrigens den Recurs, denn das Obertribunal hier denkt anders über die Sache und überdiß kann man just jene 3 Recensionen als Stimme des Publicums, die gar hübsch lautet, geltend machen; denn wo soll sich überhaupt das Publicum für oder gegen ein solches Unternehmen aussprechen als an dem Ort, wo ein solcher Streit allein mit rechtlichen Waffen geführt werden kann, in LiteraturZeitungen; diese aber haben sich biß jezt nirgends dagegen, sondern überall nur höchst günstig *dafür* ausgesprochen. Clauren selbst aber hat jene Waffen wohlweislich ruhen laßen; er hat es schon längst nicht nur mit Leuten vom Fach, sondern mit jedem Gebildeten der höhere Anforderungen an die Literatur macht verdorben, und glaube mir lieber Moriz, es sind mir von bewährten Fechtern auf diesem Boden herzliche Zusicherungen geworden, in einem solchen Kampfe mir mit Macht zu secundiren, und wahrhaftig ich selbst fühle Kraft in mir in diesen Schranken mich gewandter zu tummeln als auf dem alten Hauboden zu Tübingen wo es sich der gute Riecke so angelegen seyn ließ, meinen schiefen Körper in eine erträgliche Auslage zu bringen, und meinen schwachen Arm an seine gewichtigen Quarten zu gewöhnen.

Meine Memoiren des Satan sind außer dem Literaturblatt auch noch in der Abendzeitung vom 8 Octob. und im Leipziger Repertorium recensirt und zwar sehr günstig. Schwab hat auch eine Recens. davon geschrieben die nächstens im ConversationsBlatt erscheinen wird. Um noch etwas von meinen Angelegenheiten zu berühren, so freut es Dich vielleicht zu wißen daß in diesem Winter sehr schöne Anträge kamen: 1) von Cotta um Erzählungen für das Morgenblatt, 2) von Panse für den *Eremiten*, einem hübschen Unterhaltungsblatt, 3. aufs Neue für die Abendzeitung und 5.) das Taschenbuch Penelope und Urania, 6. für die Zeitung f.d.eleg. Welt. Sie bieten alle von 12–20 Thaler für den Bogen. Für jezt kann ich hierinn noch nichts thun; Mein Lichtenstein, woran ich con amore arbeite, beschäftigt mich zu sehr als daß ich meine Kraft zersplittern möchte. Doch werde ich später jedem dieser Blätter etwas senden, nicht um viel Geld damit zu erwerben sondern weil es von Wichtigkeit für mich ist 5 Blätter zu Freunden zu haben.

Ich habe Dir lieber Freund! viel, sehr viel von mir geschrieben; jeder Andere der unsere schönen, traulichen Verhältniße nicht kennt und diese Zeilen läse, könnte mich für einen übermüthigen, ruhmrednerischen Gesellen halten; Du wirst diß nicht thun, *Du* weißt ja daß ich so wenige Freunde und unter diesen nur Dich habe dem ich Dergleichen mit freudigem Vertrauen sage und *ich* weiß ebensogut daß Du gerade soviel Antheil an mir nimmst um diß alles gehörig würdigen zu können. An Lichtenstein wird nächstens der erste Theil zum Druk befördert. Sobald das Ganze fertig ist sollst Du der erste seyn, der ihn erhält. Etwas hübsches von Reinbeck muß ich Dir nebenbey sagen. Hofrath Grieß sprach neulich mit ihm über mich. Er lobte sehr, wollte aber einige Schwabismen entdekt haben und rief aus (ich habe es aus Gries eigenem Munde:) »Wenn nur der junge Mann einige Jahre meinen Curs der teutschen Sprache gemacht hätte, Sie sollten sehen wie sich erst dann seine Schriften lesen ließen!«

. . .

Stuttgart den 1 März. 1826.

. . .

Mein Lichtenstein rükt rasch vor. Der Zweite Band wird nächstens die Preße verlaßen. Auf Ostermeße erhältst Du alle drei. Ich bin, was mein Urtheil betrifft, mit diesem Werke sehr zufrieden. Auch höre ich von vielen Leuten die den ersten Theil lasen, günstige Urtheile. Wie z. B. Matthisson, Schwab, Schott, Klaiber d. ältere etc. Ich habe versucht einen Stoff zu bearbeiten der nicht nur humoristische und reizende, sondern auch rein tragische und ernste Situationen both. Habe mich auch in der Landschaftsmahlerey etwas weniges versucht und allen Eifer darauf verwendet.
Ferner habe ich in diesem Winter – zehen Recensionen für's Cotta'sche Literatur Blatt, eine Novelle fürs Frauentaschenbuch, eine kleinere Erzählung (musikalischen Innhalts) für die Abendzeitung, einige Humoristische Scizzen für den Eremiten in Teutschland (Alles Bestellungen und trefflich honorirt) und den größeren Theil des zweiten Bandes der Memoiren des Satan ausgearbeitet.
Es kann Dich nicht befremden zu hören, daß ich mich dem geistlichen Stande gänzlich zu entziehen gedenke. Es wurden mir zwei sehr annehmliche Anträge gemacht, 1. eine belletristische Zeitschrift und 2. ein Critisches Journal zu redigiren. Die erstere Stelle würde bey wenig Arbeit tausend Gulden tragen. Rechne ich dazu was ich durch critische und erzählende Arbeiten verdienen kann so kann ich leicht zweitausend zusammen bringen. Ich ging mit dem älteren Prof. Klaiber darüber zu Rathe; er schrieb mir einen sehr schönen Brief, der mir aufs Neue bewies wie schäzenswerth dieser Mann sey. Er lobte mein Thun und Treiben, wie auch die Absicht mich aus dem Clerus zurükzuziehen, rieth mir um das bis jezt ersparte Geld eine Reise nach Frankreich, Holland und Nordteutschland zu machen, nachher nach Tübingen zu sitzen und über Aesthetik und Literatur zu lesen.

. . .

Caßel den 7. Aug. 26.

. . .

Ich weiß, daß Dich immer sehr intereßirt, was mich angeht, darum erzähle ich Dir noch einiges von mir. Die Paar Schriften die ich in die Welt sandte haben mir, obgleich sie anfangs ohne meinen Namen erschienen, einigen Namen gemacht. Daß ich von der Abendzeitung, Modezeitung, Freimüthigen, Zeitg für d. eleg. Welt, Eremiten, schöne Anträge erhielt, weißt Du. Sie bieten meistens 12 – 15 – 18 Thaler für den Bogen. So gerne ich mir Geld verdiene, kann ich diese Anträge nicht alle annehmen, weil ich sonst meine Kraft in Kleinigkeiten zersplittern müßte. Einige bedeutendere habe ich angenommen um wenigstens *eine Hand* im Blatt zu haben. Wichtiger ist der Antrag von critischen Blättern, namentlich vom Conversationsblatt und dem Cottaischen LiteraturBlatt an welchem ich im lezten Winter viel arbeitete. Ferner kam mir die Einladung zu Taschenbüchern wie das Frauentaschenbuch, Penelope und Die Rosen, die nächsten Herbst zum erstenmal erscheinen. Das leztere ist um so ehrender für mich als die Redaction aussprach nur Beiträge von den besten und beliebtesten Erzählern zu geben. Sie zahlen 4–5 Friedrichs d'or für den Bogen, doch nahm ich bis jezt nur das erstere an. Im Frauentaschenbuch auf 27 wirst Du eine Novelle von mir finden.

Ich bekam ferner sehr schöne Anträge zu *Redactionen.* Der erste der mir etwas dergl. antrug war Frank. Wenn ich aber seinen Wankelmuth betrachte, der sich nun nachdem er *sechs* Blätter angefangen und nach einigen Wochen oder Monaten wieder aufgegeben hat, zur Genüge kund that stehe ich sehr im Zweifel ob ich mich mit ihm einlaßen soll. Als Verleger ist er mir immer angenehm aber zu einem solchen Unternehmen, hat er weder Geld und Ausdauer, noch Verstand und Tact genug. Ueberdiß merke ich wohl, würde er etwas dergleichen unternehmen, nur um mich von allen übrigen Verbindungen los zu machen. So meinte der Ehrliche, ich dürfe wenn ich sein Blatt redigire, in kein anderes mehr einen Buchstaben rücken! Müßte ich mich nicht schon als Redacteur schämen, meinen eigenen Vortheil ungerechnet.

Sodann war die zweite Hauptbedingung daß ich ihm meine Arbeiten immer auf *einmal* verkaufe. Der Thor! wenn ich heute etwas in ein Blatt schreibe und mich dafür bezahlen laße, so weiß ich, ich kann es in vier–fünf Jahren zu einem viel höheren Preis wieder druken laßen. Da ich mich in diese Bedingungen durchaus nicht einließ, zog er ab wie er gekommen war. Auch von einer Frankfurther Handlung wurde mir ein ähnlicher Antrag gemacht; dabey ist aber auch die Schwürigkeit, daß ich das Blatt erst *gründen* müßte. Zehen mal lieber wollte ich ein Blatt redigiren das schon einige Jahre existirt, und auch zu einem solchen wurde mir ein Antrag gemacht, von einer der *ersten* Buchhandlungen Teutschlands. Noch ist nichts entschieden, aber schön ist dabey daß dieses Blatt schon seit langer Zeit existirt und bey Uebernahme der Redaction keine andere Bedingung wäre, als die Leitung zu besorgen. Wie anders als was Frank mir bietet; ich soll täglich auf den Titel setzen, »herausgegeben von W. Hauff« und die Hauptbeyträge sollen von demselben W. H. seyn, im übrigen aber *Hauptsächlich Uebersetzungen!!!* Ferner wurde mir von einer Berliner Handlung und zwei Stuttgartern angetragen *Almanachs* zu redigiren. Berlin ist mir zu einem solchen Unternehmen zu entfernt; Franks Antrag lautete ebenfalls wie gewöhnlich, ich *müße* jährlich 2–3 Novellen in seinen Almanach geben; über diß müßte ich ihn auch erst gründen. Abgeschlagen. *Angenommen* habe ich den Antrag »einen schon *bestehenden* Almanach« (unter sehr schönen Bedingungen) unter meiner Leitung neu aufleben zu laßen.

Dieser Almanach ist der Cotta'sche Damen Almanach und ich gestehe Dir daß ich bey Cottas Lust und Liebe und bey seinen großen Hilfsmitteln, Kraft und Muth in mir fühle, aus diesem Almanach, der mit Therese Huber alt wurde, etwas recht schönes zu machen. Namen wie Willibald Alexis, Tiek, Döring werden mich in Deinen Augen rechtfertigen.

. . .

Hamburg. den 7 Sept. 26.

. . .

Sehr erfreut hat mich das Urtheil das Du über meinen Lichtenstein aussprichst. Das Lob und Beifallsgeschrei der Menge ist nur lohnend, wenn man es zum ersten mal hört, nachher ergözt es uns und dient höchstens dazu, uns zu ermuntern; von bedeutend höherem Werthe ist das Urtheil des *Freundes.* Steht er uns doch in allem näher, ist ja doch sein ganzes Wesen inniger mit dem unserigen verknüpft; so gewinnt auch sein Urtheil höheres Intereße; er urtheilt nicht nach den Seiten die er gelesen, sondern nach der Individualität des Freundes, ob und wie sie sich darinn ausgesprochen. Darum, mein Freund haben Deine Bemerkungen so großes Gewicht für mich und wenn Du von Abwegen sprichst, so sehe ich hierin den treuen Gesellen, der es so redlich meint, mir ermunternd die Hand schüttelt, aber nicht ohne Besorgniß mich weitergehen sieht. Du nennst diese Bemerkungen *altklug?* wohl sind sie alt, alt wenigstens an Erfahrung, denn wie manchen hat das Urtheil der Leute gleich glänzenden Irrwischen in den Sumpf geführt; und sind sie nicht *klug,* diese Bemerkungen, da sie das erste Gesetz der Klugheit mit Umsicht, mit klarem Auge, mit Kenntniß des Weges zu gehen anrathen? Aber *alt*klug, was man so altklug zu nennen pflegt, sind sie nicht. Ich denke, wir beide haben auch zu altklugen Bemerkungen, zu viel Tackt; Du, um solche zu machen, ich – um sie mitanzuhören. Ich will Dir sagen wie ich über den Punkt denke, den Du berührt hast. Du wirst es ein etwas hochmüthiges, aber ehrliches Geständniß nennen. Ich weiß daß mir die Natur ein Talent gegeben hat, das man nicht an vielen findet; das Talent, irgend einen Stoff mit einiger Leichtigkeit so zu wenden und zu behandeln, daß er für die Menge ergözlich und unterhaltend, für Viele intereßant, für Manche sogar bedeutend ist. Dabey habe ich eine gewiße Sprachfertigkeit, wie sie hiezu nothwendig ist, erhalten, die, sofern sie im Schnell-Denken beruht, der Natur, in sofern sie den Fluß der Rede und den Wohllaut betrifft, einiger Uebung und vielseitigem Lesen zuzuschreiben ist. Ich habe, vierundzwanzig Jahre alt, ohne die Welt viel gesehen, ohne die Menschen lange studirt zu haben, in der kurzen Zeit von 10 Monaten drei, in sich sehr heterogene Werke herausgegeben, wovon, bey dem *jezigen,* dürftigen Zustand der Literatur, eines schon hingereicht hätte, mir bedeutende Aufmerksamkeit zuzuwenden. Sie wurden recensirt, gekauft, gelesen, vielfach besprochen und wo ich hinkam seit ich den teutschen Boden wieder betrat, war ich kein Unbekannter; wie ein Wunderthier haben sie mich aufgesucht, angestaunt, bewundert. Doch ungerecht wäre ich, dieses lächerlich zu finden. Der Beifall so manches Mannes der mir recht gutmüthig ins Auge blikte und derb die Hand schüttelte, das zarte Lob so mancher feingebildeter Frau hat mich befriedigt oft sogar beschämt. In Circel von welchen ich nie geträumt habe, wurde ich als ein alter Bekannter eingeführt und man liebte mich und weinte als ich weiter zog. Glaube mir mein Freund, ich sage es mit einer gewißen Behaglichkeit und nicht ohne Ironie auf mich selbst, »est aliquid digitis monstrari et dicier hic est!«

Siehe so ehrlich war ich, gegen Dich einziger Freund, daß ich Dir aufdekte was mich freut, daß ich Dir sagte wie ich bey mir selbst den Stand der Dinge finde. Aber Du wirst mich nicht minder aufrichtig finden wenn ich folgendes hinzu füge. Ich hab was ich geschrieben habe in einiger Eile und nicht ohne Unverschämtheit herausgegeben. Ich werde keinen Satz bereuen den ich niederschrieb, aber bey manchem würde ich mit mehr Ruhe und Muße tiefer eingedrungen seyn. Ich fühle an mir selbst daß ich zwar noch vieles lernen muß, daß ich aber auch kein ungelehriger Schüler bin. Ich weiß nur *zu* gut was ich in den lezten anderthalb Jahren lernte. Als ich von Tübingen wegging hätte ich keinen Lichtenstein schreiben können, und *jezt,* glaube ich sagen zu können, würde ich ihn noch ganz anders schreiben. Darum sey getrost; ich will nicht zurükschreiten, nicht stillestehn, sondern vorwärts, vorwärts schreiten und sollte mein irdischer Leib darüber früher zu Grunde gehen, als wenn ich mein Leben spießbürgerlich und behäglich fortsetzte. Ich fühle Kraft und Beruf in mir Gutes, vielleicht wenn ich reif genug seyn werde, sogar Schönes und Erhabenes zu schaffen; daß diß jezt noch nicht ist weiß ich selbst so gut wie Du; aber ich glaube, daß der Mann von 30 ein anderer ist als der Jüngling von 24. Bitte aber immerhin die gütigen Götter daß sie mir jenen richtigen Tact der Bescheidenheit leihen mögen, die sich selbst nie genug thut, sondern ein Schöneres, Edles, Unerreichtes als leztes Ziel immer wieder vors Auge stellt...

Nur für Dich: Du öffnest mir die Hoffnung auf ein längeres Zusamenleben in Stuttg? Wie schön, wie angenehm möchte diß seyn! Aber Freund! Noch wollen wir keine zu großen Hoffnungen faßen. Ueber meine zukünftigen Verhältniße läßt sich noch nichts mit Sicherheit bestimmen. Daß ich mit meinem lieben Weibe bequem und sicher werde leben können, weiß ich; aber wo? ist die Frage. Die Heimath ist mir zwar das Liebste, meiner Lieben Mutter, Geschwister und Freunde willen; doch wenn es darauf ankommt unabhängig zu seyn, sollen nicht die Pfaff's allein in die Weite ziehen. Du berührst meine Verhältniße zu Cotta; ohne zu wißen wie oder inwieferne Dir davon Kunde wurde, sage ich Dir, unter uns, folgendes:

Als ich meine ersten Bände in die Welt gab, war es nicht Bescheidenheit sondern

Stolz, was mich abhielt, einem Buchhändler, dem ich durch gesellschaftliche Verhältniße nahe stand, und den Du den *König* seiner Gilde nennst, meine Werke anzubieten. Durch mich selbst wollte ich mir einen Namen machen, nicht durch die berühmte Firma, die Schiller, Göthe und Herder auf ihrem Aushängeschilde trägt. Ich wählte mir den unberühmtesten der Kleinhändler, der überdiß seit Phaiton, Seeligen Angedenkens, nicht im besten Geruche stand. Wenn ich ihm und den Versicherungen anderer Buchhändler trauen darf, so habe ich ihm einen Namen gemacht. Mit Cotta kam ich übrigens durch diß Verhältniß in manche unangenehme Collißion. Der alte Mann hatte sich durch den hinkenden Löfflund verführen laßen, den jungen, unternehmenden Mann nicht als Buchhändler anerkennen zu wollen. Frankh vergalt ihm diß nach seiner Art, indem er bey jeder Gelegenheit in Caffeeschenken etc über Cotta loszog. Der Leztere äußerte sich mehrere mal gegen mich hierüber; ich beugte aus. Er both mir an, an s. Morg.Blatt zu arbeiten, ich sagte halb und halb zu, hielt es aber nicht; denn noch war er nicht da, wo ich ihn haben wollte. Cotta muß, wenn man ihn kennt, auf eigene Weise behandelt seyn. Er muß sehen daß man *ihn nicht braucht* und dann läßt sich vieles Schöne mit seinem Geld und seinem wirklich guten Willen anfangen. Sieht er daß man seiner bedarf so darf man darauf zählen, daß er, wenn er nur erst des Bedürftigen habhaft geworden, ihn auf eine etwas gemeine Weise behandelt. Seine Frau, eine Dame die ich wirklich verehre und die mir wohl will, berührte oft diß Kapitel, aber ich zeigte auf die Fußstapfen hin die in die Höhle des Löwen hinein und nicht wieder heraus führen. Dabey machte es mir großen Spaß, alle Tage um 12 Uhr, wenn er gewiß am Fenster war, mit eben dem Mann an seinem Hause auf und abzugehen, den er nicht anerkennen wollte. So brachte ich ihn zu einer Art von Achtung, die er dem nie versagen kann, der ihm zeigt: »ich brauche dich nicht.«
Sonderbar wurde ich überrascht durch einen Brief, den er mir nach Holland schrieb. Er schlug mir vor England und Schottland zu sehen; das Reisegeld both er mir mit einer Wendung an die wirklich nobel, mit einem Ton der beynahe rührend war. Ich wußte durch andere Mittheilungen genau, daß er nicht entfernt daran dachte, mich dadurch zu binden; es war eine Art von grosmüthigem Stolz, was ihn dazu bewog. Doch, wenn *mein* Stolz gegen den seinigen auch nur BettlerStolz scheinen mag, ich verdekte die Augen, die von der Aussicht auf die romantischen Haiden des Hochlandes, von dem glänzenden Gewühle Londons beynahe geblendet wurden, ich wandte mich ab und – schlug es aus. Nicht zufrieden damit both er mir an, seinen Damen Almanach zu redigiren; er will keine Ausgabe scheuen; er ist zum Voraus mit meinen Anordnungen von Mitarbeitern etc zufrieden, er will nur daß sein Almanach – glänzend wieder auflebe. Ich besann mich. Beinahe zu derselben Zeit machte mir Frankh einen ähnlichen Vorschlag. Doch wie unangenehm rochen seine Vorschläge nach dem

Buchladen. Er wollte für andere Mitarbeiter sehr wenig geben. *Ich* sollte zum wenigsten zwei Novellen jährlich dazuthun. Bedenke diese Unbescheidenheit a la Clauren! ich sollte einen ganz neuen Almanach gründen, meinen Namen dazu hergeben und – mich zugleich als den Haupthahn des Büchleins producieren. Dabey both er statt allem Redactions Gehalt – 5 Louis d'or per Bogen und andere Taschenbücher, denen ich nur meine Arbeiten einzuschiken brauche, zahlen 5 Friedrichs d'or in diesem und 6 im nächsten Jahre! Die Hauptsache aber ist, daß ich Cottas Almanach nicht erst zu gründen brauche und nicht mit einem neuen nach dem ersten Jahre schon einen Verfall zu fürchten habe, wie Menzel mit den Moosrosen. Ich nahm Cotta's Vorschlag an.
Ein fernerer Vorschlag Frankhs war, ein erzählendes Blatt herauszugeben. Nach dem anfänglichen Plane, wenn er mir freie Hand, tüchtige Mitarbeiter zu wählen, gelaßen hätte, würde ich ihm ein Blatt gemacht haben, wie Teutschland noch keines sah. In Aachen zeigte es sich was er wollte: »Was braucht es anderer Mitarbeiter, die man theuer bezahlen muß, wenn ich *Sie* habe? *Sie* müßen das Blatt halten, und soviel als möglich hinein schreiben. Daher die *erste* und nothwendige Bedingung daß Sie von jezt an in gar kein anderes Institut etwas geben, daß man Sie nur in meinem Blatte lesen kann.« Welcher Vorschlag, wenn man zugleich Redacteur seyn soll? Es wäre etwa wie schlechte Schauspieler die nur ihre eigene Compositionen geben. Auch in pecuniärer Hinsicht machte er tolles Zeug und wollte mir meine Arbeiten ein für allemal abkaufen um sie nachher zu brauchen nach Herzenslust. Daraus ward nichts. Ich schlug ihm ein Blatt ganz anderer Art vor; aber ich glaube kaum daß er den Plan gehörig gefaßt hat. Cotta äußerte den Wunsch wegen seines Morg.blttes mir näher zu treten. Je nachdem die Bedingungen, namentl. sein Verhältniß zu ihm, sind, könnte es möglich seyn daß ich darauf einginge. Bei Frankh hätte ich zwar vielleicht freieren, ungebundeneren Spielraum, aber kann ich mit vollem Vertrauen mit einem Menschen mich einlaßen, der zum wenigsten an Mangel an Charakter zu laboriren scheint, da er innerhalb drei Jahren 5–6 Blätter und Journale angefangen und wieder aufgegeben hat? Man muß sich die Geschichte mit den Ueberlieferungen, mit dem Journal universel etc von *beiden* Partien erzählen lassen! Glänzendere Aussichten noch als diese wurden mir im Norden, namentlich in Hannover und Bremen geboten; doch – Nordteutschland ist nicht Schwaben und die Berge meiner Heimath sind mir lieber als alle Ebenen an der Weser und Elbe. Du siehst hieraus die Lage der Dinge. Ich habe behutsam, vielleicht etwas zu diplomatisch bis jezt agirt; aber der Teufel komme in dieser Welt, wo alles betrügt und betrogen wird, mit der Ehrlichkeit allein aus. Soweit kenne ich mich übrigens um sagen zu können, wer mich einmal für ein Institut dieser Art gewonnen hat, soll einen Mann in mir finden, der mit Umsicht und Eifer der Sache vorsteht. Die Götter mögen es zum guten Ende führen! . . .

1826 **1. Januar** Rede auf dem Neujahrsfest des Stuttgarter Liederkranzes über die Macht des Gesangs.

19. Januar Hauff an Pfaff I, ansonsten von erstaunlichem Desinteresse an den politisch verfolgten Burschenschaftern, über den auf dem Asperg gefangenen Knaus, den Riecke II und Frisch besucht hatten: »Sie fanden Knaus an Hömorrhieden so krank daß man ihn im Zimmer umher führen mußte; seine Lebens Art scheint ihm dieses Leiden in so hohem Grade zugezogen zu haben. Er ochst naemlich oft ungeheuer, geht Tage lang nicht aus ... überhaupt soll Nüchternheit auf dem Asperg nicht zu Hause seyn. Sie haben nicht Unrecht die armen Teufel, sich hie und da in eine süße Bewußtlosigkeit zu trinken.«

10. Februar Hauff bezieht G. A. Maliz' ›Gelasius der graue Wanderer im 19. Jahrhundert‹ bei Franckh.

22. Februar Franckh bietet dem Autor der »trefflichen Memoiren des Satan«, des »heitern und witzigen Manns im Mond« und des »lieblichen Lichtenstein« die Herausgabe eines Unterhaltungsblattes in seinem Verlag an.

23. Februar In der ›Beilage zur Allgemeinen Zeitung‹, Nr 54, wird vor der Stuttgarter (Franckh'schen) Ausgabe der Romane von Walter Scott gewarnt und auf eine »litterarische Rüge« in der ›Neckar-Zeitung‹ verwiesen. Die Relation zwischen Umfang und Preis sei wesentlich ungünstiger als bei den Ausgaben von Lindau, Spieker und Schumann.

27. Februar Sendet Winkler die Novelle ›Othello‹ für die ›Abend-Zeitung‹ und erwähnt die seit zwei Jahren anhaltende Beschäftigung mit einem Roman (›Lichtenstein‹). Macht die künftige Mitarbeit bei Winkler von höherem Honorar abhängig.

1. März Hauff an Pfaff I: Bericht über die Arbeit am ›Lichtenstein‹ und die vielfältigen verlockenden Angebote zur Mitarbeit oder zur Herausgabe einer belletristischen Zeitschrift (Honorar 1000 Gulden) oder eines kritischen Journals. Plant Aufgabe des Pfarrberufs und, auf Anraten seines Schwagers, des Professors am Stuttgarter Gymnasium, Christian Friedrich Klaiber (1782–1850), eine Reise nach

18 Gustav Schwab. Aquarell von Johann Buchner. Verkleinert.

Frankreich, Holland und Norddeutschland. Klaibers Rat, sich in Tübingen als Professor für Ästhetik und Literatur niederzulassen, wolle er lieber in Heidelberg, Mannheim, Stuttgart oder im Ausland verwirklichen, »denn in Würtemberg glauben sie man müße um die Ehre dienen ein königlich würtembergisch allergnädigst besteuertes Landeskind zu seyn«.

5. März Döring dankt für das Manuskript der Novelle ›Die Sängerin‹.

8. März Hauff bezieht Ruthe's ›Robinsonade‹ bei Franckh.

9. März Der Buchhändler J. D. Sauerländer in Frankfurt lobt, unbeeindruckt von den literarischen Rügen und Warnungen, die von Franckh verlegte Stuttgarter Scott-Ausgabe in der ›Beilage zur Allgemeinen Zeitung‹, Nr 68.

11. März Panse dankt für das Manuskript der Skizze ›Freie Stunden am Fenster‹.

13. März Winkler dankt für das Manuskript der Novelle ›Othello‹ und sichert für die Zukunft höhere Honorare zu.

18.–30. März *›Othello‹*, in: *›Abend-Zeitung‹, Nr 66–76.*

21. März Die Kapitel 13–25 des ›Lichtenstein‹

19 Wolfgang Menzel. Zeichnung einer Lithographie von Adam Igelsheimer. Verkleinert.

20 Johann Friedrich Cotta. Lithographie nach dem Gemälde von Karl Jakob Theodor Leybold (1824). Verkleinert.

gehen in Druck; das Manuskript ist etwa bis Kapitel 30 abgeschlossen.

22. März X-X, ›Wie wird jetzt in Deutschland ein literarischer Name nicht erworben, sondern fabriziert?‹, in: ›Bemerker‹, Nr 10, Beilage zum ›Gesellschafter‹. Massiver Vorwurf eines Stuttgarter Korrespondenten gegen Hauffs literarische Agitation zur Propagierung der ›Memoiren des Satan‹. Menzel und Hauff werden der gegenseitigen Lobhudelei verdächtigt. Hauff wird für den Autor der Rezension im ›Literatur-Blatt‹, Nr 100, Menzel für den Rezensenten im ›Literarischen Conversations-Blatt‹, Nr 292, gehalten.

Ende März/Ostern Hauff in Nördlingen. Zusammentreffen mit Riecke I.

3. April Müller von der ›Zeitschrift für die elegante Welt‹ bittet erneut um Beiträge unter Angabe der Honorarbedingungen.

8. April Der Kriminal-Senat des K. Obertribunals in Stuttgart bestätigt das erstinstanzliche Urteil im Prozeß Heun ./. Franckh. Franckh wird zur Zahlung der Berufungskosten verurteilt.

vor dem 12. April *›Lichtenstein. Romantische Sage aus der württembergischen Geschichte‹. Von Wilhelm Hauff. Erster Theil. Stuttgart: Friedrich Franckh 1826.*

12. April Hauff sendet Adolf Müllner (1774–1829), Menzels Vorgänger in der Redaktion des ›Literatur-Blattes‹, die ersten beiden Teile des ›Lichtenstein‹ zur Besprechung.

18. April Der dritte Teil des ›Lichtenstein‹ erscheint. Hauff erhält 20 Bouteillen Wein und 6 Bouteillen Champagner von Franckh. Franckh verzögert die Buchhandelsauslieferung und versäumt die Aufnahme der Bände in den Meßkatalog.

Mitte April Menzel verwahrt sich im ›Gesellschafter‹, Nr 66, gegen den Vorwurf, der Autor einer lobenden Besprechung über Hauff im ›Conversations-Blatt‹ zu sein.

23. April Hauff sendet Pfaff I die drei Bände des ›Lichtenstein‹. »Bey dem Dritten traten Verzögerungen ein, welche die Buchhändler im Winter auf zu kalte Witterung, im Frühling auf Näße im Sommer auf die Hize und im Herbst auf alles zusammen und den neuen Wein zu schieben pflegen.«

26. April Hauff protestiert in einem am 3. 4.

datierten Schreiben im ›Bemerker‹, Nr 15, Beilage zum ›Gesellschafter‹, gegen die Unterstellung, der Autor einer Rezension des von Menzel herausgegebenen Almanachs ›Moosrosen‹, im ›Literatur-Blatt‹, Nr 100, zu sein. Die lobende Besprechung war eine Selbstrezension Menzels.

In einem beifällig kommentierten Bericht über Franckhs Verurteilung – ›Literatur-Justiz‹, in: ›Abend-Zeitung‹, Nr 99 – heißt es: »Hoffentlich wird sich Franckh nun ähnlicher Spekulationen enthalten.«

April *›Freie Stunden am Fenster‹* und *›Der ästhetische Klub‹*, in: *›Der Eremit in Deutschland‹, Erster Band, Viertes Heft.*

Ende April Hauff scheidet aus den Diensten des Hügel'schen Hauses aus.

1. Mai – Ende November Reise nach Frankreich, Holland und Norddeutschland, die ihn über München »nach dem Ehebette« bringen soll. Zunächst nach Nördlingen. Abschied von der Braut, Luise Hauff.

14.–16. Mai Frankfurt. Abschluß des 2. Teils der ›Memoiren des Satan‹. Das Manuskript geht an Franckh nach Stuttgart. Lernt Georg Döring kennen.

17.–25. Mai Frankfurt – Mainz (Beobachtung des Prinzen Wilhelm und des Erzherzogs Karl im Manöver) – Saarlouis – Courcelles – Metz (»In Metz war ich einige Tage, weil die Stadt selbst und die Umgebung sehr viel Interessantes bieten«). Von Metz im Eilwagen über Epernay nach Paris.

19. Mai Die ›Abend-Zeitung‹, Nr 119, teilt den Wortlaut des Urteils des K. Ober-Tribunals in Stuttgart gegen Franckh mit und erinnert ihn an die Auflage des Gerichts, das Urteil zu veröffentlichen. Die »getäuschten Leser« werden zur Rücksendung des ›Mann im Mond‹ an Franckh ermuntert.

etwa 25. Mai Eintreffen in Paris. Wohnt zunächst für zwei Tage in einem Hotel gegenüber der Messagerie.

25. und 27. Mai Hauff bezieht bei Franckh: Ivring, ›Skizzenbuch‹, ›Der Lotse‹, ›Der Spion‹; Cooper, ›Die Aussiedler von Susquehannah‹, ›Bracebrigdehouse‹, ›Erzählungen eines Reisenden‹.

31. Mai Der Verlag der Gebr. Franckh annonciert in der ›Beilage zur Allgemeinen Zeitung‹, Nr 181, eine Neuauflage von Scott's Romanen, die bisher 30000 Subskribenten gefunden hätten.

Ende Mai – 10. Juli »Monsieur Off« wohnt in Zimmer 15 des Hotel de Flandres, Rue Notre Dame des Victoires. Umgang mit Julius Mohl (1800–1876) aus Stuttgart, dem späteren Professor für Persisch am Collège de France, und Louis Kauffmann, dem Sohn des Rektors der Tübinger Lateinschule. Besucht das Palais Royal und alle Merkwürdigkeiten der Stadt, besonders die Theater Feydeau, Porte St. Martin, Théâtre de Madame, Vaudeville, Opéra comique, Théâtre français und das von Gioacchino Rossini (1792–1868) geleitete Théâtre italien.

1. Juni Hauff übersendet der Redaktion des ›Conversations-Blattes‹ den ›Lichtenstein‹ mit der Bitte um Besprechung und erklärt, der Aufforderung Gustav Schwabs zur Mitarbeit folgen zu wollen; bittet um Angabe der Bedingungen an die Adresse von Gottfried Klaiber, Stuttgart.

zwischen 9. und 18. Juni Reise mit Eilwagen in die Normandie: Pontoise – Rouen – Tôtes – Offranville – Dieppe (»ich sah hier . . . zum erstenmal: Kriegsschiffe, Kauffahrteischiffe und – Dampfschiffe. . .«). Erwägt Überfahrt nach London. Badet im Meer, läßt sich hinausrudern und verspeist 2 Dutzend Austern für 8 Sous. Rückkehr nach Paris.

bis 10. Juli Verkehrt mit Mohl und Kauffmann, Duttenhofer und A. Märklin. Ausflüge nach Montmorency (wo Rousseau damals lebt), Marly, St. Cloud (wo er Karl X. sieht), St. Denis, Fontainebleau, Versailles und Trianon. Besuche im Louvre und im Palais Luxembourg.

26./27. Juni Der erste von drei Korrespondenzberichten über das Auftreten der deutschen Sängerin Henriette Sontag im Théâtre italien erscheint in Winklers ›Abend-Zeitung‹. Die beiden folgenden am 15. 7. und vom 10.–14. 8. 1826.

4. Juli Hauff bittet Johann Friedrich Cotta (1764–1832) in dem ersten an ihn erhaltenen

Brief, ihm gegenüber dem Gerücht der Verfasserschaft eines Beitrags über das königliche Ballett in Stuttgart im ›Literarischen Conversations-Blatt‹ in Schutz zu nehmen. Die ›Oeffentliche Erklärung‹ erscheint im ›Literatur-Blatt‹, Nr 56, Beilage zum ›Morgenblatt‹.

6. Juli Hauff schlägt Franckh eine süddeutsche ›Zeitung für Literatur und Unterhaltung‹ vor und beklagt sich über die verzögerte Herstellung der ›Memoiren des Satan‹ II; Franckh wird wegen einer negativen Besprechung des ›Lichtenstein‹ durch Willibald Alexis (d. i. Georg Wilhelm Heinrich Häring, 1798–1871) beruhigt und zu einer Beratung über künftige gemeinsame Vorhaben nach Burscheid bei Aachen eingeladen.

7. Juli Übersendet Franckh das Manuskript für den zweiten ›Märchen-Almanach‹, dessen Text Hermann Hauff redigiert, und erwähnt ein Romanvorhaben »aus d. 30jähr. Krieg«, das »was Anlage, Charaktere und Situationen betrifft seinen Lichtenstein so weit übertreffen möchte, als letzterer den Mann im Monde«. Das Vorhaben wird nicht ausgeführt.

10.–29. Juli Reise über Senlis – Compiègne – Saint-Quentin – Bellicourt – Combrai – Valenciennes – Mons nach Brüssel. Liest Schillers ›Geschichte des Abfalls der vereinigten Niederlande von der Spanischen Regierung‹ und schreibt an der ›Controvers-Predigt‹. Besucht in Brüssel die Stätten, »wo Egmont's edles Haupt fiel, jenen Brunnen im Garten des Grafen Hoorn, wo die Geusen sich allmählich versammelten, Albas Wohnung, Granvallas wohlgetroffenes Bildniß im StadtHaus, jenen Saal wo Margaretha die Bitten der Niederlande verwarf«. Weiterreise über Mecheln – Antwerpen nach Gent, »wo ich unter Anleitung von Senis [d. i. Friedrich Wilhelm Hauff] trefflichem Vater [des Professors für Mathematik Johann Karl Friedrich Hauff] das Anwesen einer holländischen Universität betrachtete«. Rückkehr nach Brüssel. Besichtigung des Schlachtfeldes von Waterloo. Über Löwen – Lüttich – Maastricht nach Aachen.

um den 29. Juli »Congreß mit Franckh. . ., dessen Hauptgegenstände sich aber zerschlugen, weil ich auf die Vorschläge dieses Buchhändlers nicht einzugehen für rathsam fand.« Entscheidend für den Ausgang der Besprechung ein Brief von Cotta: Er bietet Hauff die Finanzierung einer Reise nach England an, trägt ihm die Herausgabe des ›Taschenbuchs für Damen‹ an und lädt ihn zur Mitarbeit im ›Morgenblatt‹ ein. Hauff verzichtet auf die geplante Reise nach Amsterdam.

3. August Köln. Nimmt an den Lustbarkeiten bei den Feiern des Geburtstages von Friedrich Wilhelm III., des Königs von Preußen, teil und trifft den Studienfreund Göriz.

4. August Mit dem Eilwagen über Elberfeld – Arnsberg – Kassel. Besuch bei Wilhelm Grimm (1768–1859), den er schon im Mai um Beiträge für den ›Märchen-Almanach‹ gebeten hatte. Erhält ›Das Fest der Unterirdischen. Norwegisches Märchen nach mündlicher Überlieferung‹ und ›Schneeweißchen und Rosenrot‹. Abschluß der ›Controvers-Predigt‹.

nach dem 7. August Kassel – Münden – Göttingen (Besuch bei Emilie Pott; wohnt bei Paul Schott) – Hildesheim (vergeblicher Besuch bei Mme Schrader) – Hannover (Einladung bei General Levin Graf Benningsen, dem Gegner Napoleons in Preußisch-Eylau und Friedland, und Begegnung mit einer Fürstin Stolberg, die seine ›Memoiren des Satan‹ gelesen hatte) – Bremen.

Wilhelm Hauff in Bremen
Ein Porträt aus dem Tagebuch von Heinrich Smidt
Montag, 28. August 1826

...

Er kam gegen 2, von Hermann Castendyk eingeführt – ein junger Mann von 25 Jahren, mittelgroß, mit scharfen Zügen im Profil, weniger en face, da er keineswegs hohlwangig zu nennen – vorspringendes langes Kinn, dunkelbraunes Haar, nach den Augen zu an die Seiten gekämmt und vorn aufrecht, so daß, wie man witzelte, sich wohl ein paar Hörnchen darunter verstecken konnten. – Die Gesichtsfarbe gelblich und eben aber nicht bleich und ungesund zu nennen – scharfe etwas gebogene Nase, guter Mund mit farbigen Lippen, die aber mehr aufgeworfen als fein sind. Der Mund selbst ziemlich breit. Unter den hervorstehenden dunklen Augenbrauen leuchten sehr ausdrucksvoll kornblaue Augen, die der Farbe sowie den Zügen zu widersprechen scheinen, und weil sie ehrlich blickten, alles Diabolische, was ich in seiner Physiognomie zu finden suchte, verwischten. Haltung (steifes Verbeugen bei der Begrüßung) wie Kleidung (Königblauer Frack) hatten einen französischen Zuschnitt, der sich indeß zu dem feinen abgemessenen Benehmen sehr wohl schickte. Erst später als man vertrauter ward, zeigte sich die angeborene schwäbische Natur in größerer Herzlichkeit und Fröhlichkeit. – (Anfangs war seine Receptivität für Scherz und Witz nur in einem um die Lippen spielenden Lächeln angedeutet.) Zu der späteren Offenheit mochte vielleicht die Liebe auch Anlaß gegeben haben, wenigstens ließ sich jene leicht erklären, wenn diese rein und wahr war, und im dichterischen Gemüthe den früheren Rückhalt vergessen ließ, – obwohl andere, namentlich auch Hermann [Smidt, der Bruder] meinte, daß an der Tiefe der Liebe zu zweifeln sei, weil ein sonst so umsichtiger Mann wie Hauff, sie nicht vor Allen auf den Lippen getragen haben würde. Auf jeden Fall glaube ich, wie in seinen Werken so auch in seinem Wesen 2 Naturen annehmen zu müssen: die des gewandten scharfblickenden Weltmanns im höheren Sinne des Wortes, von der seine satyrischen Schriften, namentlich seine Memoiren des Satans zeugen – auf der einen – sowie die des innigen Schwaben, welche sich in seinem Lichtenstein und in seinen einzelnen kleinen Gedichten (Schildwachenlied) darthut, auf der anderen Seite. Jene hat ihn über seine Jahre hinaus reifen lassen und zeichnet ihn im geselligen und öffentlichen Leben aus als einen Mann von seltener Selbständigkeit und Energie, diese offenbart im traulichen Freundeskreis wie vor den Frauen seine gebliebene Tiefe des Gemüths – und sie ist es namentlich, die bald alle Angst vor ihm als dem Biographen des Satans verlöschte, zumal wenn das Gemüth sich im Gesange aussprach. (Daher Johanne bald zu seinen Gunsten eingenommen war.) Immer aber bleibt es noch dubiös, ob nicht beide Naturen

21 Wilhelm Hauff.
Ölbild von Karl Jakob Theodor Leybold.
Verkleinert.

in einander überspielen können, und ob es nicht in seinem Interesse liegen mag, es zweifelhaft zu lassen, welche die rechte sei – namentlich auch, was seine Liebe anlangt, ob bei allem seinem wirklichen Gefühl derselben, jene Offenheit, womit er sie Allen darthat, nicht bloß in dem Sprichwort begründet liegt: »wes das Herz voll ist etc.« sondern auch künstlich zu weit von ihm getrieben ist, um ihm vielleicht als Schriftsteller diese oder jene Ausbeute zu liefern, indem er die Meinung der Vertrauten ausspürte, oder vielleicht gleiches Vertrauen in Anspruch nahm – gerade wie es wohl Diplomaten zu machen pflegen. – Aus diesem seltenen Scharfblick für alles, was ihm als Schriftsteller von Gewicht sein kann, mag es wohl rühren, daß er sich im Gespräch mit den verschiedensten Leuten so erstaunlich vielseitig und in allen Sätteln gerecht zeigte – und was ihm darin die Natur schon früh mittheilte (wie er denn schon jung angefangen, interessante Charaktere für sich aufzeichnete) mag namentlich dadurch, daß er aus einem einsamen Klosterschulleben als Hofmeister in ein Ministerhaus, also von einem Extrem ins andere kam [bricht ab]. – Im Gespräch trägt er vortrefflich vor und versteht ebensogut zuzuhören. Der Mittag bei uns machte sich nach dem allen recht gut, Vater konnte natürlich viel erzählen (um Gleiches mit Gleichem zu bezahlen) bei seinem bunten Leben und wußte sich so in Respekt zu setzen. – Gegen Ende des Mahls (auf dem Balcon) kam Treviranus (der Pastor) an, und sprach mit Hauff manches über Tübingen. – Nach Tisch bei der Cigarre in den Garten mit ihm, wo er über die herrlichen Trauben im barbarischen Norden staunen mußte. Dann nach dem Caffee zu Rumps in der Vahr, die von seiner Ankunft wußten . . .

26. August – 6. September Bremen. Wohnt im Gasthof ›Zur Stadt Frankfurt‹, dem 2. Haus am Platze. Unmittelbar nach der Ankunft in einem Brief an Hermann Hauff Erwägungen über das mit Franckh in Aachen besprochene Zeitschriftenprojekt im »Geiste des französ. Globe«, das er nicht endgültig absagen wolle. »Aber wenn wir [Wilhelm und Hermann Hauff] das Morgenblatt bekommen können, sind wir nicht die Narren es auszuschlagen. . . wenn Cotta mir d. h. uns das Blatt nicht giebt, könnten wir immer etwas Schönes machen.«

27. August Hermann Castendyk (1801–1837) und Johann Daniel Thulenius (1800–1850), beide als Rechtsanwälte in Bremen tätig und mit Hauff seit dem Studium in Tübingen bekannt, führen Hauff, »dessen erwartete Ankunft auf einer literarischen Reise durch Deutschland (er kommt über Holland von Paris) man lange mit Verlangen entgegengesehen«, in die Bremer Gesellschaft ein.

28. August Hauff mit Hermann, Johann (1795–1833) und Wilhelm (1797–1852) Castendyk zu Tisch bei Bürgermeister Johann Smidt (1773–1857). Die beiden damals in Göttingen studierenden Söhne Hermann (1804–1879) und Heinrich Smidt (1806–1878) nehmen am Essen teil. Nach Tisch treffen der Theologe Georg Gottfried Treviranus (1788–1868), ein Freund Gustav Schwabs aus der Tübinger Studienzeit, und der Gymnasialprofessor und Stadtbibliothekar Henrich Rump (1768–1837) mit ihren Frauen ein.

29. August Hauff besucht Carl Wilhelm Passavant (1779–1846), den ersten Pfarrer der Bremer Liebfrauenkirche. Abends mit Bürgermeister Smidt bei dessen Schwester Catharina Castendyk (1775–1827), der Witwe des Senators Gerhard Castendyk. Gespräch über Napoleon und die Freiheitskriege. Hauff singt mit Johanne Noltenius (1798–1837) zur Guitarre.

30. August Hauff mit Hermann Castendyk bei Mme Lucie Meier (1776–1839), der Mutter von Johann Daniel (1804–1871) und Hermann Heinrich Meier (1809–1898), dem späteren Gründer des Norddeutschen Lloyd. Abends mit den Brüdern Castendyk in der Familie des Juristen Johann Friedrich Gildemeister, wo er Josephe Stolberg, die Tochter des Grafen Joseph zu Stolberg-Stolberg kennenlernt.

1. September Abendessen im Hause des Bürgermeisters Smidt mit den Brüdern Castendyk, Treviranus, Rump und Frau, Thulesius und Senator Franz Friedrich Droste (1784–1849). »Gespräche von Staats- und Gelehrtensachen.« Zum Abschluß singt Hauff im Wechselgesang mit Johanne Noltenius.

2. September Mit Johann Meier und Hermann Castendyk Ausflug nach Vegesack und Blumenthal. Abends mit Bürgermeister Smidt, Droste, den Brüdern Castendyk und Senator Johann Gildemeister (1799–1849) im Bremer Ratskeller. Vincent Rumpff, Ministerresident der Hansestädte und der Freien Stadt Frankfurt in Paris, kommt mit seiner Frau dazu.

3. September Große Sonntagsgesellschaft in Vahr bei Bremen. Hauff, »der natürlich fast nur in Josephens Nähe weilte«, macht ihr einen Antrag, der zurückgewiesen wird.

4. September Morgens Yachtpartie nach Lankenau mit Bürgermeister Smidt, dem dänischen Gesandten von Pechlin, Bürgermeister Heinrich Gröning (1774–1839), Gildemeister, Droste und Friedrich Wilhelm Heineken (1787–1848). Nach der Rückkehr im Gasthof ›Zur Stadt Frankfurt‹ gegenüber Heinrich Smidt das Geständnis seiner Liebe zu Josephe Stolberg. Ferner »Erzählungen von seinem älteren Bruder, und der Weise, wie er mit ihm lebt. Einsylbigkeit im Gespräch, Zutraulichkeit in Briefen – Achtung, die er bei Herausgabe seiner Schriften dem kritischen Blick des Bruders zollt.« Großes Dinner im Garten bei Bürgermeister Smidt, wo ihm Pechlin einen Platz in seinem Wagen nach Kopenhagen anbietet. Hauff schlägt die Reise wegen Josephe Stolberg aus und erwägt statt dessen, ihr über Berlin nach Weimar zu folgen.
Hauff abends mit Bürgermeister Smidt bei Catharina Castendyk. Senator Friedrich Horn (1772–1844) kommt dazu.

vor dem 5. September Die Novelle *›Die Sängerin‹* erscheint im *›Frauentaschenbuch für das Jahr 1827‹, hrsg. von Georg Döring. Nürnberg: Schrag [1826].*

5. September Im ›Hesperus‹, Nr 212, wird die

Novelle ›Die Sängerin‹ aus Dörings ›Frauentaschenbuch‹ aus moralischen Gründen abgelehnt: »Ueber gewisse Dinge soll vor weiblichen Augen nie der Vorhang gelüftet werden. . . Davon abgesehen, vernachlässigt sich der Verfasser zu sehr, ja sinkt nicht selten ins Gemeine.«

Abschiedsbesuche bei den Familien Gildemeister, Passavant, Castendyk, Smidt, Noltenius. »Tout est perdu meinte Hauff. Er hatte mit Johanne gesprochen und sie [über Josephe Stolberg] ausgeholt.«

6. September Hauff verschiebt Abreise nach Hamburg auf den Abend und verbringt den Tag mit den Brüdern Castendyk und Hermann Stolz bei Madeira und Rheinwein im Hotel.

7.–15. September Hamburg, Wilder Mann. An Heinrich Smidt: ». . . es war eine halb wahnsinnige Resingnation(!) die uns [Hauff und sein zweites Ich] durch die Gassen trieb«. Erlebt »einen sentimental-komischen Roman mit einem Freudenmädchen. Besagte, hübsch und jung, faßte uns in einem anständigen Nachtsaal auf, hängte sich an uns bis wir, ich und Doktor Hauff mitgingen. Auf ihrem Zimmer überfiel uns alle Wehmuth abgewiesener Liebe; wir wollten nichts Fleischliches begehen, sondern klagten dem schönen Kind unsere unglückliche Liebschaft, so daß selbige am Ende bitterlich weinte, worauf wir ihr einen Thaler bezahlten und zu ihrem großen Ärgerniß abtraten.«

Hauff beginnt mit der Niederschrift der ›Phantasien aus dem Bremer Ratskeller‹, wird um 5 Sacktücher, 1 Nachthemd und 5 Louisd'or bestohlen und hebt 300 Gulden bei Sillem Bennecke in Hamburg ab.

17. September – 17. Oktober Berlin. Übersendet seinem Bruder Hermann einen Brief an Cotta, der ihm am 9. 9. 1826 Aussichten auf die Übernahme des ›Morgenblatts‹ gemacht hatte. Cotta erhält inhaltliche und gestalterische Vorschläge für das seit 1822 nicht mehr erschienene ›Taschenbuch für Damen‹.

Lernt Willibald Alexis, Julius Eduard Hitzig (1780–1849), den Freund E .T. A. Hoffmanns, Fouqué, Karl Streckfuß (1778–1844) und den Bildhauer Christian Daniel Rauch (1777–1857) kennen und wird in die Mittwochsgesellschaft eingeführt. Alexis liest Hauff seine Rezension des ›Lichtenstein‹ vor.

22 Lucas Cranach d. Ä., ›Brustbild einer jungen Dame‹. Lithographie von Johann Nepomuk Strixner. Vorlage für Hauffs Novelle ›Die Bettlerin vom Pont des arts‹. Ein Abzug der Lithographie befand sich in Hauffs Besitz.

22. September Menzel im ›Literatur-Blatt‹, Nr 76, Beilage zum ›Morgenblatt‹, über das Döring'sche ›Frauentaschenbuch‹: »Unter den Erzählungen zeichnet sich die Sängerin von Wilhelm Hauf[!] durch leichten Styl und heiteres Colorit am meisten aus. Zu bedauern aber ist, daß dieses schöne Talent an so gar unbedeutende, anekdotenmäßige, ideenlose Gegenstände verschwendet wird. Zwischen die Mode und die Poesie gestellt, sollte dieser junge Dichter doch ein wenig schwanken, bevor er sich blindlings der ersten in die Arme wirft.«

23.–25. September Hermann Smidt aus Bremen sondiert für Hauff in Weimar dessen Chancen bei Josephe Stolberg.

September/Oktober Hauff liest die ›Controvers-Predigt‹ in der Berliner Mittwochsgesellschaft auf der Abschiedsfeier für den als Direktor an die Düsseldorfer Akademie berufenen Wilhelm Schadow (1788–1862) vor.

vor dem 1. Oktober Hauff liest dem inzwischen in Berlin eingetroffenen Hermann Smidt das Manuskript ›Phantasien im Bremer Ratskeller‹ vor. Beide besuchen zusammen mit Ludwig Devrient (1784–1832) das von E. T. A. Hoffmann ehedem geschätzte Weinrestaurant Lutter und Wegner.

10. Oktober Therese Huber (1764–1829), die vormalige Leiterin des ›Morgenblatts‹, an ihren Sohn Aimé: »Der Hauff schrieb einen historischen Roman: Der Lichtensteiner . . . es ist Darstellung darin und manchmal Kostüm, doch mehr Spott oder Karikatur, in der er die heutigen Menschen und ihre Individualität . . . schildert.« Mit Scott will sie Hauff nicht verglichen sehen. (Geiger/Huber)

um den 13. Oktober Hauff liest Smidt die inzwischen erschienene ›*Controvers-Predigt über H. Clauren und den Mann im Monde, gehalten vor dem deutschen Publikum in der Herbstmesse 1827*‹ vor. *Stuttgart: Gebrüder Franckh 1827.*

13. Oktober Menzel bespricht den ›Lichtenstein‹, in: ›Literatur-Blatt‹, Nr 82, Beilage zum ›Morgenblatt‹.

15. Oktober Smidt bittet Hermann Castendyk um »möglichst genaue Angabe der sogenannten Apostelfässer und der Rose und 2) wünscht er die Verse, die sich oben in dem größeren Zimmer des Weinkellers befinden«.

20. Oktober Leipzig. Hauff sendet Cotta das Manuskript der Novelle ›Die Bettlerin vom Pont des arts‹ für den Abdruck im ›Morgenblatt‹ und berichtet über Berliner Zeitschriften-Projekte.

Er besucht alle einschlägigen Kaffeehäuser und lernt den Verleger Adam Friedrich Gotthold Baumgärtner (1759–1843) von der Baumgärtnerschen Verlagsbuchhandlung und vom Industrie-Comptoir kennen, der damals den ›Eremiten in Deutschland‹ herausgibt. Besucht den Verleger Heinrich Brockhaus (1804–1874). Hauff »machte persönlich den allerangenehmsten Eindruck. Wir verkehrten gut miteinander und verabredeten Beiträge für die ›Urania‹ und die ›Blätter für literarische Unterhaltung‹« (Brockhaus)

Begegnung mit Wilhelm Gerhard (1780–1858) und Moritz Gottlob Saphir (1795–1858), der sich ihm aber als Heuns Freund nicht zu erkennen gibt.

26./28. Oktober Dresden. Besuch bei dem »herrlichen [Ludwig] Tieck«, dem er »ungemein gefällt« und bei Winkler. Bittet Brockhaus um Besprechung der ›Controvers-Predigt‹ in den ›Blättern für literarische Unterhaltung‹.

29. Oktober Döring verspricht eine Erzählung für Cottas ›Taschenbuch für Damen‹ und erwartet von Hauff erneut einen Beitrag für sein ›Frauentaschenbuch‹.

vor dem 1. November Im Zusammenhang mit der Abweisung durch Josephe Stolberg entsteht das Gedicht »Bin einmal ein Narr gewesen . . .«

16. November Willibald Alexis bespricht ›Lichtenstein‹ in den ›Blättern für literarische Unterhaltung‹, Nr 114, und macht dabei erhebliche Einwendungen.

23 Titelblatt der Erstausgabe.

Controvers-Predigt
über
H. Clauren
und
den Mann im Monde
gehalten
vor dem deutschen Publikum
in der Herbstmesse 1827
von
Wilhelm Hauff.

Text: Ev. Matth. VIII. 31–32.

Stuttgart,
bei Gebrüder Franckh.
1827.

um den 17. November Hauff verzichtet auf eine Reise nach Weimar (?) und München (?) und trifft in Nördlingen ein.

18. November – 22. Dezember *›Die Bettlerin vom Pont des arts‹*, in: *›Morgenblatt‹, Nr 276–305.*

24. November Stephan Schütze (1771–1839) aus Weimar bittet Hauff um Beiträge für sein ›Taschenbuch, der Liebe und Freundschaft gewidmet‹ sowie für sein ›Journal für Literatur, Kunst und geselliges Leben‹.

25. November Im ›Hesperus‹, Nr 282, wird das in Leipzig erscheinende Flugblatt ›Die Hebe‹ zitiert: Hauff wird als Herausgeber des bei Leo in Leipzig erscheinenden Taschenbuchs ›Rosen‹ vermutet.

Anfang Dezember Wieder in Stuttgart, Gymnasiumstraße 347.

4. Dezember Hauff erinnert Cotta unter Schilderung anderer Offerten an sein Angebot der Redaktion des ›Morgenblattes‹.

Willibald Alexis bittet Hauff um Beiträge für sein ›Berliner Conversations-Blatt für Poesie, Literatur und Kritik‹ und sagt einen eigenen Beitrag für Cottas ›Taschenbuch für Damen‹ zu.

8. Dezember Hauff nennt Cotta insgesamt vier Angebote zur Übernahme einer Redaktion und errechnet daraus seine Bedingungen von 1400 Gulden Jahresgehalt bei der Übernahme des ›Morgenblatts‹.

9. Dezember Hinhaltender Brief an die Brönnersche Buchhandlung, die ihm die Leitung eines Teils der ›Zeitung der Stadt Frankfurt‹ angetragen hatte. – Bietet Brockhaus sechs Beiträge für die ›Blätter für literarische Unterhaltung‹ an. – Brockhaus erinnert Hauff an sein Versprechen zur Mitarbeit an ›Urania. Taschenbuch für Damen‹ und teilt mit, daß Alexis für ihn die ›Controvers-Predigt‹ rezensiere.

November/Dezember erscheinen: *›Mittheilungen aus den Memoiren des Satan‹. Herausgegeben von Wilhelm Hauff. Zweiter Theil. Stuttgart: Gebrüder Franckh 1827.*

›Maehrchenalmanach für Söhne und Töchter gebildeter Stände auf das Jahr 1827‹, herausgegeben von Wilhelm Hauff mit Kupfern. Stuttgart: Gebrüder Franckh 1827.

Mit einer Rahmenerzählung ›Der Scheihk von Alessandria und seine Sclaven‹ von Hauff und vier eigenen Beiträgen: ›Der Zwerg Nase‹, ›Abner, der Jude, der nichts gesehen hat‹, ›Der junge Engländer‹ [= ›Der Affe als Mensch‹], ›Die Geschichte Al-Mansors‹. Ferner: ›Der arme Stephan‹ von Gustav Adolf Schöll; ›Der gebackene Kopf‹ von James Justinian Morier; ›Das Fest der Unterirdischen‹ und ›Schneeweischen und Rosenroth‹ von Wilhelm Grimm.

10. Dezember Antrag an den württembergischen König Wilhelm I. zur weiteren Freistellung vom kirchlichen Dienst, was zur Vorbereitung auf ein Lehramt notwendig sei.

13. Dezember Franckh bestätigt den Eingang des Manuskriptes für den 3. ›Mährchen-Almanach‹ und empfiehlt Karl Spindler (1796–1855) als Mitarbeiter.

24 Titelblatt der Erstausgabe.

25/26 *Titelkupfer von D. Fohr für ›Zwerg Nase‹ und Titelblatt der Erstausgabe.*

15. Dezember Heinrich Ludwig Brönner, Frankfurt, bittet Hauff um Beiträge für das Taschenbuch ›Iris‹.

19. Dezember Karl August Boettiger (1760–1835) rezensiert ›Geschichtliche Romane‹ in ›Literatur-Blatt‹, Nr 101, Beilage zum ›Morgenblatt‹, und läßt dabei den ›Lichtenstein‹ nur mit Einschränkungen gelten: »Man wird dabey lebhaft an die Romanzen von Gustav Schwab erinnert, und an Uhland. Aber Hauf bewegt sich in seiner eigenen Sphäre.«

22. Dezember Johann Schickh (1770–1835), Wien, bittet Hauff um Beitrag für die ›Wiener Zeitschrift für Kunst, Literatur, Theater und Mode‹.

Karl Herloßsohn, Leipzig, der Verfasser einer Satire auf Clauren und den Prozeß gegen Franckh (›Emmy, oder der Mensch denkt, Gott lenkt), lädt Hauff zur Mitarbeit an einer unter Claurens Namen erscheinenden Ausgabe des Almanachs ›Vergißmeinnicht‹ ein.

26. Dezember Hauff dankt Baumgärtner für den Antrag der Übernahme der Redaktion des ›Eremiten in Deutschland‹ und sagt unter Hinweis auf die Übernahme der Redaktion des ›Morgenblattes‹ ab. Äußert Befürchtungen über eine Festungshaft wegen der ›Memoiren des Satan‹ II. – Lehnt gegenüber Herloßsohn Mitarbeit an ›Vergißmeinnicht‹ ab.

27. Dezember Hauff an Heinrich Smidt: Fordert ihn und die Brüder Castendyk zur Mitarbeit am ›Morgenblatt‹ auf und kündigt seine bevorstehende Heirat mit Luise für den 4. 2. 1827 an: »Sie ist nicht reich, nicht schön und hat von Josephe nur Ähnlichkeit in der Gestalt.« Luise Hauff in Stuttgart bis Anfang Januar 1927.

29. Dezember Das Consistorium in Stuttgart befreit Hauff für drei Jahre vom Kirchendienst »zur Vorbereitung auf ein Lehramt«.

1827

Jahreswende Cotta legt die Aufgaben eines Redakteurs des ›Morgenblattes‹ in einem nicht erhaltenen Schriftsatz fest: ›Unmaßgebliche Einrichtung des GeschäftsGanges der Redaction des Morgenblattes‹, denen Hauff mit ›Bemerkungen über den gegenwärtigen Zustand des Morgenblattes und seine möglichen Verbesserungen, Herrn Cotta als Neujahrswunsch vorgetragen von Dr. W. Hauff‹ antwortet. Hauff widerspricht Cottas Erwartungen auf 12–13 Bogen mit eigenen Beiträgen im Vierteljahr, stimmt aber der von Cotta geforderten Teilung der Verantwortlichkeiten für den Inhalt zwischen dem Unternehmer und der Redaktion ohne größere Bedenken zu.

1. Januar Hauff übernimmt die Redaktion des ›Morgenblatts für gebildete Stände‹ mit einem Jahresgehalt von 1400 Gulden; eigene Beiträge werden mit 5 Louis d'or pro Bogen, Übersetzungen zusätzlich honoriert. Vorbemerkungen zu Textabdrucken und ›Charaden‹ – Rätsel in Gedichtform – sind mit dem Redaktionsgehalt abgegolten. – Auflage des ›Morgenblatts‹: 1400 Exemplare.
Döring kündigt das Manuskript ›Die Neugierigen‹ für das ›Taschenbuch für Damen‹ an.
2. Januar Herloßsohn sucht Hauff für einen abgeänderten Vorschlag zur Herausgabe des ›Vergißmeinnicht‹ zu gewinnen.
3. Januar Der neue Redakteur wird von seinem Verleger Franckh durch eine umfangreiche Anzeige aller bei ihm lieferbaren Titel im ›Intelligenz-Blatt‹, Nr 1, Beilage zum ›Morgenblatt‹, begrüßt: ›Lichtenstein‹, ›Controvers-Predigt‹, ›Mährchen-Almanach‹ (1827), ›Mittheilungen aus den Memoiren des Satan‹ II.
4. Januar Gesuch an den König von Württemberg um Heiratserlaubnis. Seine Vermögensverhältnisse sicherten seiner Frau im Falle seines Todes 300 Gulden Zinsen im Jahr.
Ludwig Schorn (1793–1842), der Leiter des ›Kunst-Blattes‹ im ›Morgenblatt‹ in München, hofft auf die Verlegung der Redaktionen des ›Morgenblatts‹ und des ›Literatur-Blattes‹ nach München, damit Hauff und Menzel für die dortige Universität gewonnen werden könnten.
5. Januar Brockhaus bittet um Übersendung der angebotenen Rezension von Walter Scotts ›Leben Napoleons‹.
6. Januar Döring macht Hauff auf eine in Frankfurt erschienene ›Xenien‹-Fortsetzung eines Prorektors Weber aufmerksam.
10. Januar Luise Hauff erkundigt sich nach der Entscheidung Cottas über eine Anstellung von Hermann Hauff.
Hauff erlangt das für seine Heirat notwendige Bürgerrecht in Enzweihingen durch Vermittlung des Pfarrers Geiger.
13. Januar Hauff hält auf der Taufe seines Neffen Wilhelm Klaiber in Vaihingen/Enz eine ›Rede, gehalten den 13. Januar als am fünfzigjährigen Amts-Jubiläum des Herrn General-Justiz-Direktors Wilhelm Klaiber‹.

Alexis gratuliert zur Übernahme des ›Morgenblatts‹ und zur Vereitelung der Anklage durch Metternich wegen der ›Memoiren des Satan‹ II. Dankt für Manuskripte der Stuttgarter Theaterkorrespondenz.
16. Januar Nach einer ersten Auseinandersetzung über die inhaltliche Gestaltung des ›Morgenblatts‹ wendet sich Hauff an Elisabeth von Cotta, geb. Freiin von Gemmingen-Guttenberg, die ihm von seinem Aufenthalt auf Schloß Guttenberg bekannt war. Er beklagt sich, daß »Wilhelm Hauff das Morgenblatt nur zum Schein« leite und fühlt sich in seiner »bürgerlichen Ehre« gekränkt.
17. Januar Winkler nimmt Wilhelm Waiblinger (1804–1830) gegen eine briefliche Bemerkung von Hauff in Schutz.
Herloßsohn insistiert auf der gemeinsamen Herausgabe des ›Vergißmeinnicht‹ und kündigt die Verfertigung eines parodistischen Lustspiels auf H. Clauren an.
18. Januar Erste nachweisbare Mitarbeit von

Hermann Hauff im ›Morgenblatt‹: Die Übersetzung eines Aufsatzes ›Die Schenken von Paris‹.

19. Januar Hauff sendet die ›Phantasien im Bremer Rathskeller‹ an Alexis.

20. und 22. Januar ›*Die belletristischen Zeitschriften in Deutschland*‹, in: ›*Blätter für literarische Unterhaltung*‹, *Nr 18/19*.

21. Januar Franz Xaver Told, Wien, bittet um einen Beitrag für das Taschenbuch ›Fortuna‹.

25./26. Januar ›*Urtheil der Engländer über deutsche Sitten und Literatur*‹, in: ›*Morgenblatt*‹, *Nr 22/23*.

Januar Kränzchen der »kleinen Compagnie« in Stuttgart mit Riecke II, Christian, Frisch, Göriz, Köhler und Reyscher I.

1. Februar Winkler bekundet Interesse an Hauffs Andreas-Hofer-Roman.

3. Februar Luise Hauff an Hauff über den Hochzeitstermin, 13. 2.: »Es freut mich sehr das [!] man die Hochzeit aus Deinem Lichtenstein darstellt, soviel ich weiß gehört zu einer

27 Luise Hauff. Gouache auf Elfenbein von Johann Michael Holder. Verkleinert.

28 Wilhelm Hauff. Gouache auf Elfenbein von Johann Michael Holder. Verkleinert.

Hochzeit, auch ein Bräutigam, Du schreibst mir aber von keinem, am besten währe es wenn ihn der Herzog machte er würde gewiß am besten dazu passen, da ihm die Braut nicht gleichgültig ist.«

6. Februar Döring teilt ihm aus der in Frankfurt erschienenen Fortsetzung der ›Xenien‹ folgendes Distichon mit:

»Memoiren des Satans, in wenigen Wochen vergriffen, / Wahrlich das zeuget von Lust, gut mit dem Teufel zu stehen.«

Mit kleinen Verbesserungen erscheint unter vollem Namen: ›*Mittheilungen aus den Memoiren des Satan*‹. *Herausgegeben von Wilhelm Hauff. Zweite Auflage. Erster Theil. Stuttgart: Gebrüder Franckh 1827.*

um den 10. Februar Hauff in Nördlingen.

13. Februar Wilhelm Hauff und Katharine Eleonore Louise Hauff heiraten in Enzweihingen. Die Mitglieder der »kleinen Compagnie« schenken dem Paar eine Standuhr.

15. und 17. Februar ›*Korrespondenz*‹, in: ›*Berliner Conversations-Blatt für Poesie, Literatur und Kritik*‹. *Erster Jahrgang.*

um den 16. Februar Die Eheleute beziehen eine Wohnung im Heimbuchschen Anwesen auf dem Bollwerk in Stuttgart, Gartenstraße Nr. 264. »Hier hing, in Öl gemalt, der Fels vom Lichtenstein mit dem schlichten Jägerhäuschen von damals; ein paar farbige Skizzen aus dem Roman, die Bauernstube des Pfeifers von Hardt mit dem spinnenden Bärbele, Georg vor der Zugbrücke der Burg im nächtlichen Zweikampf mit dem geächteten Ritter u.s.f. zeigten sich darunter, und dort grüßte lieblich und zart die Kopie jener Dame im Federhute von der Wand hernieder, ein Geschenk der Brüder Boisserée.« (Klaiber)

20. Februar Brockhaus bittet erneut um den angebotenen Aufsatz über das ›Leben Napoleons‹ von Walter Scott.

23. Februar Erneute Auseinandersetzung mit Cotta über einen von Hauff abgelehnten Bei-

Literarische Nachricht
für Lesegesellschaften, Lesebibliotheken und Freunde der schönen Literatur.

Im Laufe vorigen Jahres erschienen im Verlage der Gebrüder Franckh in Stuttgart folgende empfehlenswerthe Werke, welche in allen Buchhandlungen Deutschlands um beygesezte Preise zu haben sind:

Lichtenstein.

Romantische Sage aus der würtembergischen Geschichte. Von Wilhelm Hauff. 3 Theile. gr. 12. elegant brosch. Preis 6 fl. 30 kr. oder 3 Rthlr. 12 Gr.

Es möchte für das deutsche Publikum von nicht geringem Interesse seyn, zu sehen, wie der Herausgeber der so großes Auffehen erregenden „Memoiren des Satan," der Verfasser des witzigen „Mannes im Monde" einen historischen Stoff zu einem Roman benüzte. Wir glauben sagen zu dürfen, daß dieser Roman, indem er sich in der vaterländischen Geschichte, auf vaterländischem Boden bewegt, indem er geschichtliche Charaktere auf die anziehendste Weise schildert, mit Recht den historischen Romanen der neuesten Lieblings-Dichter an die Seite gesezt werden kann und sich die Liebe des Publikums in einem hohen Grade verdienen wird.

Controvers-Predigt

über H. Clauren und den Mann im Monde. Gehalten von Wilhelm Hauff, in 8. elegant brosch. 1 fl. oder 15 Gr. sächs.

Der Mann im Monde rc. hat zu einem berühmten Prozeß Anlaß gegeben, dessen Erfolg der geheime Hofrath Heun dem Publikum bekannt gemacht hat. Es versteht sich von selbst, daß jener Urtheilsspruch nur der Art, wie jenes Buch in's Leben trat, gelten konnte; daher hat sich der Herr Verfasser die Freyheit genommen, zu beleuchten, auf wessen Seite das innere, das literarische Recht sey, zu betrachten, welchen Zweck der Mann im Monde gehabt, und wie er ihn verfolgt habe. Wir empfehlen diese Predigt zur Erbauung jedem andächtigen Leser, und wünschen, daß sie in recht vielen Herzen eine gesegnete Rührung hervorbringen möchte.

Mährchen-Almanach

für Söhne und Töchter gebildeter Stände auf das Jahr 1827. Herausgegeben von Wilhelm Hauff. Mit Kupfern. Schön gebunden. Preis 3 fl. oder 1 Rthlr. 21 Gr. sächs.

Mit wahrer Freude übergeben wir der deutschen Jugend den zweyten Jahrgang dieses Almanachs, dessen erstes Erscheinen mit so vielem und so gerechtem Beyfall aufgenommen wurde. Hat nun schon der erste Jahrgang ein so ausgezeichnetes Lob, wie es ihm z. B. das liter. Conversationsblatt, die Hall. Lit. Zeitung und mehrere andere recensirende Institute spendeten, gar wohl verdient, so sind wir desto fester überzeugt, daß dieser neue Jahrgang seines Innern als auch seiner äußern Ausstattung wegen eines der beliebtesten Lesebücher nicht blos für die Jugend, sondern auch wohl für Erwachsene seyn wird. Er hängt mit dem frühern Jahrgange durchaus nicht zusammen, und ist also ein für sich bestehendes Ganze. Andere bekannte Erzähler haben den Herausgeber durch gediegene Beyträge unterstüzt; wir brauchen nur die Gebrüder Grimm zu nennen, um unser Büchlein würdig zu empfehlen. Ueberhaupt zeichnet sich sein Inneres durch Gediegenheit, durch ein glücklich erreichtes Streben, das Angenehme, Unterhaltende — mit dem Belehrenden, moralisch Nützenden zu verbinden, vor jedem ähnlichen Werke vortheilhaft aus; es ist als Weihnachts-, Geburtstags- oder Neujahrsgeschenk eine der freundlichsten Gaben, die jungen Leuten beyderley Geschlechts nur gereicht werden kann — es wird gewiß immer Freude machen! Das Aeußere ist des Innern würdig; auf feinem Velinpapier geschmackvoll gedruckt, durch nette Kupfer und einen sehr zierlichen Einband geschmückt, läßt unser Mährchenalmanach auch dem Auge nichts zu wünschen übrig; wir können ihn also Eltern und Lehrern, so wie allen Freunden der Jugend mit wahrer Zuversicht als ein Buch empfehlen, welches jeder Anforderung einer ausgezeichneten Jugendschrift in vollkommenem Maße entspricht — der wohlverdiente Beyfall unserer lieben Jugend wird sicher unser Vertrauen rechtfertigen!

Mittheilungen aus den Memoiren des Satan.

Herausgegeben von Wilh. Hauff. Zweyter Theil. in 8. elegant brosch. 3 fl. oder 1 Rthlr. 21 Gr. sächs.

Wer den ersten Theil dieser so berühmt gewordenen Memoiren gelesen hat, dem wird auch der zweyte ohne weitere Empfehlung willkommen seyn. Wir begnügen uns, seinen Inhalt hier anzuzeigen: I. Vorspiel zum zweyten Theile der Memoiren des Satan: Worin von Processen, Justizräthen die Rede, nebst einer stillschweigenden Abhandlung, „was von Träumen zu halten sey?" II. Der Fluch, Novelle. (Fortsetzung und Beschluß). III. Mein Besuch in Frankfurt. 1) Wen der Satan an der Table d'Hote im weißen Schwanen sah. 2) Trost für Liebende. 3) Ein Schabbes in Bornheim. 4) Das gebildete Judenfräulein. 5) Der Courier aus Wien kommt an. 6) Der Reis Effendi und der Teufel in der Börsenhalle. 7) Die Verlobung. IV. Der Festtag im Fegefeuer. (Forts. und Beschl.) 1) Der junge Garnmacher fährt fort, seine Geschichte zu erzählen. 2) Der Baron wird ein Recensent. 3) Das Theater im Fegfeuer.

29 Anzeige aus dem ›Intelligenz-Blatt‹ Nr 1, Beilage zum ›Morgenblatt‹ vom 3. 1. 1927. Verkleinert.

trag von Ludwig Robert (›Über ein weibliches Bildnis‹), der am 24. 2. erscheint.

24. Februar Franckh bezahlt 350 Gulden für die zweite Auflage der ›Memoiren des Satan‹, rechnet für das kommende Jahr mit einer Neuauflage des Zweiten Teils und für 1829 mit dem Nachdruck des ›Lichtenstein‹.

25. Februar Hauff legt Cotta einen Themenplan für März vor, wobei er hauptsächlich ältere Übersetzungen und »lange vorräthige Manuscripte« verwerten will.

etwa 27./28. Februar Cotta wirft Hauff die Vernachlässigung der Redaktion und Verstöße gegen »Schicklichkeit«, »Sprachgebrauch« und »gesunden Menschenverstand« vor.

28. Februar Hermann Hauff bietet sich Cotta als redaktionelle Hilfskraft an. Abends sind Riecke I und II mit Reyscher I und Hermann Hauff beim Ehepaar Hauff.

29. Februar Hauff, verletzt und verunsichert durch Cottas Bemerkung, »der Sache [des ›Morgenblatts‹] auf andere Art« helfen zu müssen, kommt der erwarteten Kündigung zuvor und kündigt seinerseits zum 1. März.

Der »Eigenthümer« und der Redakteur
Wilhelm Hauff in der Redaktion des ›Morgenblatts für gebildete Stände‹. 1827

Die Verhandlungen zwischen Johann Friedrich Freiherr Cotta von Cottendorf und Wilhelm Hauff hatten sich über Monate hingezogen. Cottas Andeutungen über gemeinsame Unternehmungen hielten den mit anderen Angeboten überschütteten, vom Erfolg verwöhnten jungen Autor immer wieder davon ab, sich zu binden. Hauff seinerseits unterrichtete Cotta bis ins einzelne über die ihm zukommenden Anträge; er charakterisierte die Stellung des ›Morgenblatts‹ im Zusammenspiel mit anderen, konkurrierenden Zeitungen und unterrichtete den Stuttgarter Verleger – wie ein literarischer Agent – über Berliner Entwicklungen auf dem Felde der Literatur- und Unterhaltungsblätter.
Gegenüber den Angeboten seines Verlegers Franckh verhielt sich Hauff zurückhaltend, abwartend. Mit ihm, so meinte er, könne man immer noch »etwas Schönes« machen, wenn es nicht gelänge, mit Cotta zum Abschluß zu kommen. Hauff sprach sogar den Verdacht aus, daß Franckh ihm nur deshalb Avancen mit der Herausgabe einer Zeitschrift mache, um ihn von Abschlüssen mit Cotta und anderen abzuhalten. Durch mehrere Äußerungen ist belegt, daß Wilhelm Hauff von Anfang an darauf bedacht war, gemeinsame Sache mit Hermann Hauff zu machen, wenn es gelingen sollte, mit Cotta zu einer Vereinbarung zu kommen.
Cotta hatte vor dem Eintritt von Hauff in die Redaktion ein Statut erarbeitet, das als verloren gelten muß. Ein Vertrag zwischen Cotta und Wolfgang Menzel, dem Leiter des ›Literatur-Blatts‹, vom 1. Januar 1826 läßt die Formulierung jenes Schriftsatzes – ›Unmaßgebliche Einrichtung des GeschäftsGanges der Redaction des Morgenblattes‹ – erahnen, die bald zu Zerwürfnissen führte:
Bei Menzel hieß es in § 4: »Er protestirt nicht, falls Freiherr von Cotta aus eigenen Beweggründen über einen Artikel im Literaturblatt anders verfügen will, als D[r.] Menzel.«
Die nach den Handschriften im Cotta-Archiv (Stiftung der ›Stuttgarter Zeitung‹) zitierten Dokumente und Briefe belegen, daß Hauff über der Sorge einer zu großen Bindung an Cottas ›Morgenblatt‹ die klassische Konfliktsituation zwischen dem »Eigenthümer« und dem Redakteur übersehen hatte.

Hauff an Johann Friedrich Cotta
als Antwort auf ein verlorenes Redaktionsstatut für das ›Morgenblatt‹

[Ende Dezember 1826]

Ueber den Vorschlag zur Einrichtung des Geschäftsganges des Morgenblatts, erlaube ich mir einige Bemerkungen anzufügen. Ich finde im Allgemeinen die Grundsätze nach welchen diese Artikel abgefaßt sind billig und in der Natur der Sache begründet. Es ist der Fall möglich und in Hinsicht auf Tageblätter sogar häufig, daß eine Handlung oder auch eine Privatperson ein Blatt heraus zu geben unternimmt, ohne deßwegen in seiner Inneren Struktur selbst zu arbeiten. In solchem Fall handelt ein verantwortlicher Redacteur für den Unternehmer. Im concreten Fall hat der Unternehmer das Blatt nicht nur gestiftet sondern auch selbst persönlich geleitet und fortgeführt, es ist daher kein Grund denkbar, warum er, wenn er sich nach einem Gehülfen in der Redaction umsieht, deßwegen die Leitung ganz und durchaus einer fremden Hand übergeben sollte. Aus diesem richtigen Grundsatz sind mehrere der Articel folgerichtig abgeleitet. Zu Art. III wünsche ich übrigens den Zusatz, daß die Bestimmungen des Eigenthümers über Manuscripte, Correspondenzen etc schon bezahlter Mitarbeiter, denn doch auch eine schonende Rüksicht auf die Verhältniße nehmen mögen, in welchen der, dem Publicum als solcher bekannt gewordene, Redacteur zu der Literarischen Welt stehe. Namentlich wünsche ich daß dem Morgenblatt, sey es in eigenen Aufsätzen oder Correspondenzen jener *polemische* Charakter ferne bliebe, der meist nur aus Privat-Absichten der Mitarbeiter hervor geht. Das Morgenblatt hat einen so guten Namen daß es *über* den Parteien schweben, *nicht in* ihnen sich umtreiben muß. Wirkliche Streitigkeiten können im Literaturblatt abgemacht werden, wo ich jeden Kampf für das Morgenblatt auszufechten bereit bin.
–:· *zu A.IX.*
Dieser Artikel möchte leicht, zu Irrungen Veranlaßung geben und ich wünsche ihn daher näher bestimmt. Der Eigenthümer hält es für sein Blatt förderlich, wenn ich *vierteljährlich* 12–13 *Bogen* dazu liefere? Es kann dieser Wunsch aus dem Munde eines Mannes, der mit den ersten Geistern unseres Volkes so vertraut war, der Göthe, Schiller, Herder und manches Grosartige der Mit- und Nachwelt übergeben hat, nicht anders als schmeichelhaft seyn. Aber ich gebe wohl zu bedenken, acht und vierzig Morgenblattbogen in *einem* Jahr von *einer* Feder, was noch mehr ist, von der Feder des Redacteurs! Mein Fach ist besonders das erzählende, die größte meiner Novellen würde 5 Bogen füllen und ich müßte also *neun* Novellen, jede zu etwa *80–90* Spalten geben! Würde diß etwa Reichthum an Materialien verrathen? Müßte nicht der Redacteur erröthen wenn niemand als er selbst im Blatt erzählt? Aber abgesehen davon, könnte es möglich

seyn, daß ich mit dem besten Willen, ohne irgend eine andere Beschäftigung, jahrlich 48 MorgenblattBogen schriebe?
Aber auch in pecuniärer Hinsicht möchte ich dem Morgenblatt diß nicht rathen. Ich könnte unter 4–5 Louis d'or den Bogen nicht übergeben und zweitausend Gulden für *einen* Erzähler wäre eine Summe die *beßer* angewendet werden, und für die *Mannigfaltigkeit* des Blatts ungleich wirksamer werden könnte.
Ich schlage vor: Man fordere jährlich nicht mehr als zehen Morgenblatt Bogen Erzählung etc. Denn leicht ließe sich eine Novelle von 4 Bogen in 12 ausdehnen, wollte man Waßer dazu gießen. Man überlaße es meiner Zeit, meiner Liebe für das Blatt *mehr* zu geben und zwar auch andere Aufsätze. Nach meinen Gehaltsbestimmungen werde ich dann die Honorare berechnen und über lezteren Punkt den Vorschlägen des Eigenthümers entgegen sehen.

Dr. W. Hauff.

Hauff an Elisabeth von Cotta

Stuttgart. 16. Jan. 1827.

Hochwohlgeborene
Sehr verehrte Frau!

. . .

Sie können denken daß der arme Monsieur »bon jour«, der *leider* heute keinen *guten* Tag hatte, von nichts anderem reden wird als dem Morgen Blatt. Ich erzähle Ihnen einen Fall, der sich Heute mit diesem Blatt zutrug. Das Morgenblatt war wie gewöhnlich gestern von mir auf *heute* arrangirt worden. Der Setzer gibt zugleich an, was von den ihm, von *mir,* zugesendeten Manuscripten nach meiner Vorschrift morgen und übermorgen gedrukt werden sollte. Ich bestätigte diesen Vorschlag, denn er hatte Manuscripte genannt, die von mir bezeichnet waren.
Heute nun wird dem Setzer angeblich von Herrn v. Cotta, ein Manuscript zugesandt, mit dem Befehl, es *sogleich* abzudruken. Das gedrukte Blatt konnte nicht mehr abgeändert werden, es erfolgte daher der *Befehl,* es in das nächste Blatt abzudrüken. Von diesem allem wurde mir vorher kein Wort gesagt und dieses Manuscript: ›Reise von Wallenstadt nach Genf‹ hatte ich noch nie *gesehen.*
Mit Vergnügen hatte ich von Herrn v. Cotta den Auftrag übernommen, das Morgenblatt zu leiten. Was Herrn v. Cotta zu dieser günstigen Meinung über mich stimmte, weiß ich nicht; auf jeden Fall kann er nicht gedacht haben daß Wilhelm Hauff das Morgenblatt nur zum *Schein* leiten werde. Ich bin mit meiner literarischen Ehre dafür Bürge, daß dieses Blatt nur intereßante Stoffe enthalte, meine bürgerliche Ehre, sollte wenn man auch die literarische vergißt, wenigstens so tief nicht beleidigt werden, daß ich vor den Setzern der v. Cotta'schen Drukerey beleidigt werde; *ich* bin es, der dem Setzer die Manuscripte

übergibt und – wie leicht wäre es gewesen den kleinen Umweg über *mich* zu nehmen! Wenn dieses Manuscript in der That so große Eile hatte, warum konnte man es nicht *mir* zuschiken, damit ich dem Setzer bedeute, es soll augenbliklich gedrukt werden? Warum doch einen Menschen so geflißentlich beleidigen, einen Menschen der es so redlich mit diesem Blatte meint?
Doch, ich kann dem Gedanken nicht Raum geben, daß ein Haus das mir immer wahrhaft *edle* Gesinnungen zeigte, mich auf einmal und ohne Grund von sich entfernen wolle? Habe ich doch gerade in Ihrem liebenswürdigen Familien Kreise gelernt, daß man die Form, auch gegen Leute die eine Stufe niederer sind, nicht verletzen müße, um seinen eigenen geachteten Standpunkt nicht aus den Augen zu verlieren.
Ich schrieb diese vorhergehenden Zeilen nieder, eben als ich ein eigenhändiges Schreiben des Herrn v. Cotta bekam. Er beklagt sich darinn über einen Aufsatz über den *englischen* Adel der in diesem Blatt gegeben wurde. Dieser Aufsatz befand sich in einem Journal, das mir Herr von Cotta zur Benützung empfahl; Herr George v. Cotta, mit welchem ich diesen Aufsatz besprach, *rieth* zu seiner Aufnahme. Doch, wenn dieser Aufsatz auch nicht hätte gegeben werden sollen, wenn ein anderer an seine Stelle zu setzen war, so ist auf jeden Fall, wie ich jezt sehe, nicht durch ein Mißverständniß, sondern durch allzuschnelles Eingreifen die Form auf eine Art verlezt, die mich *tief* schmerzen muß.
Der deutsche Bürgerliche weiß, wenn er vernünftig seine Verhältniße bedenkt, recht wohl, daß er Unrecht thut, sich mit einer Claße gleichstellen zu wollen, die im Staat anerkannt die erste ist; er wird ihr überall und immer den Vortritt laßen; doch kann ein solches Subject verlangen, daß man seyne bürgerliche Ehre hinwiederum schone, und nicht den Setzer einer Drukerey mit einer Sache beauftrage, die einem Mann zukam, den die ersten Geister Teutschlands als ihren Freund willkommen hießen.
Meine Bitte an Sie, gnädige, sehr verehrte Frau geht nach diesem dahin, daß Sie Herrn v. Cotta davon unterrichten möchten, daß ich eine weitere Erklärung als sein Brief von heute besagte, über diesen Vorfall wünsche. Sollte sich vielleicht Herr v. Cotta in mir getäuscht haben, sollte er glauben daß ich Scenen ähnlicher Art, (wobey so leicht ein ehrenvoller Ausweg zu finden war,) mir gefallen laßen werde, so bitte ich, Sie möchten ihn von meinem Unvermögen überzeugen; es ließe sich ja nicht denken, daß ein Mann, der geringen Gedanken dieser Art Raum gebe, jene hohe Ehrfurcht und Hochachtungen in sich tragen könnte. . .

Hauff an Johann Friedrich Cotta

[23. Februar 1827]

. . .
Mit Schreken sehe ich in dem Blatt das mir so eben zur Correctur geschikt wird, einen Brief von L. Robert »über ein weibliches Bildniß« abgedrukt und diesen Artikel hatte ich doppelt durchstrichen mit der Bemerkung, daß er durchaus nicht für das M. Blatt paße. Bitte, rechnen Sie diese unverzeihliche Nachläßigkeit des geschmacklosen Setzers nicht mir zu; wäre es möglich daß noch ein anderer Artikel gegeben würde, so würde ich mit Vergnügen morgen in aller Frühe das Gesezte corrigiren.
. . .

Johann Friedrich Cotta an Hauff
[Diktierter Entwurf, unvollständig]

Stuttgardt. d. Febr. 27.

Ew. Wohlgeboren
werden erlauben, daß ich mich schriftlich gegen Sie über eine Sache ausspreche, die mir sehr am Herzen liegt, da sich bisher keine Gelegenheit bot, Ihnen mündlich meine Gedanken mitzutheilen. Wenn ich die Redaction des Morgenblatts in Ihre Hände legte, geschah es in der Absicht, daß ich bei meinen vielen Geschäften die Leitung eines Instituts, für das ich mich seit zwanzig Jahren persönlich interessiere, in Händen wüßte, auf die ich vollkommen vertrauen könnte. Es war mir diß so wünschenswerth, daß ich, in der Aussicht einer zeitraubenden Beschäftigung enthoben zu werden, alle von Ihnen gemachten Bedingungen eingieng. Es thut mir nun leid, Ihnen offenherzig gestehen zu müssen, daß ich, weit entfernt seit dem laufenden Jahre Erleichterung zu fühlen, mit dem Blatt noch viel mehr Mühe habe, und, wenn die Sachen auf diesem Fuß fortgesetzt würden, ich in der Zukunft für ein Institut sehr besorgt seyn müßte, das seit zwanzig Jahren sich in der Theilnahme des Publikums gleich hoch erhalten hat. Ein Hauptgrund davon mag seyn, daß Sie sich von den Pflichten und Geschäften eines Redacteurs keinen ganz richtigen Begriff gemacht zu haben scheinen; Sie nehmen Aufsätze, namentlich Correspondenzen, in der Integrität auf, wie Sie Ihnen zugesendet werden, und bedenken nicht, daß in denselben sich manches findet, was gegen Schiklichkeit, Sprachgebrauch, sogar gegen den Menschenverstand verstößt; die Obliegenheit des Redacteurs ist es gerade Mängel dieser Art auszumerzen und dabei immer im Auge zu haben, daß die Rücksicht, die man dem Blatte schuldig ist, unbedingt über der steht, die man etwa dem Verfasser der Aufsätze schuldig seyn möchte. Ich muß Sie ernstlich bitten, die-

sen Vorstellungen Gehör zu geben, und ein vergleichender Blik auf ältere Nummern des MBlatts und die neueren, namentlich auf die Correspondenz, wird Sie von der Billigkeit dieser Bitte überzeugen. Wenn es keiner Sichtung und eigentlichen Revision und Verbesserung der eingesandten Artikel bedürfte, so bedürfte es so gut als keiner Redaction. Ich bin sehr geneigt das, was mich seit einiger Zeit sehr beunruhigt hat, dem Umstande zuzuschreiben, daß Sie sich zum Erstenmale mit einem Geschäfte der Art abgeben, ich nehme darauf auch Rüksicht, wenn von der Correktur die Rede ist, in der ich Ihnen aufs angelegenste größere Aufmerksamkeit empfehlen muß, weil durch Nachläßigkeiten dieser Art, abgesehen davon, daß das Blatt als solches darunter leidet, der Druk sehr gestört wird.
Ueber sich selbst zu urtheilen, ist der Mensch am wenigsten fähig, und so mögen Ihnen bisher Dinge entgangen seyn, die andern auffallen mußten, oft bedarf es aber nichts als freundlich aufmerksam zu machen, und ich hoffe, daß diese meine Bemerkungen, weit entfernt Sie zu beleidigen, blos die Wirkung haben werden, daß Sie das übernommene Geschäft aus einem andern Gesichtspunkt betrachten und sich überzeugen, daß die Ehre des Blatts, das Sie leiten, mit der Ihrigen aufs genauste zusammenhängt.

Hauff an Johann Friedrich Cotta

Stuttgart. 29 Febr. 27.

. . .
Dieser Vorfall hat Ihre »aus früheren Vorfällen begründete Sorge vermehrt«, Sie haben seit zwei Monaten mehr Anfechtungen gehabt als früher in vielen Jahren und müßen (solange die Sache unter *meiner* Führung steht) »täglich das M.Blatt bewachen.«
Wer das Morgenblatt früher, besonders aber in dem lezten Jahre gelesen hat, wird diesen Satz aus Ihnen Selbst glauben. Wahr ist es, daß die lezten Jahrgänge nicht gerade von sehr großer Aengstlichkeit, Sorgfalt und literarischer Umsicht zeugen, aber sollte Ihnen diß nicht auch einigen Kummer verursacht haben, oder sind die zahlreichen Fehler die ich gemacht haben soll, so überwiegend, daß man frühere Verstöße darüber vergeßen kann? Es muß so seyn, denn ich hege in Ihre Redlichkeit zu großes Vertrauen, als daß ich daran zweifeln sollte; wird es mir ja durch einen späteren Satz aufs Klarste bewiesen: »wir können, wann ich mehr auf mich genommen haben sollte, als mir zu leisten möglich, leicht auf eine andere Art helfen.« Ich glaube diß auch, glaube auch daß das Mittel leicht gefunden werden kann die Sache zu ändern, (und ich habe es schon gefunden) ob es aber helfen wird – möchte denn doch die Frage seyn.
Sie Selbst fordern mich auf, mit gleicher »Offenheit« zu antworten und ich will

es versuchen. Ich habe die Redaction des Morgenblatts mit großem Vertrauen übernommen; ich machte mir die schöne, täuschende Hoffnung daß ich dieses Blatt wirklich und der That nach redigiren werde; Sie Selbst nöthigten mich zu diesem schönen Glauben; denn wahrlich hätten Sie mir gesagt, *wie* eigentlich mein Amt beschaffen sey, daß meine Anordnungen, meine Vorschläge, meine Stimme gar nichts gelten sollte, würde ich nie diese Verbindung eingegangen haben. Sie ordnen an, was ich ausgestrichen, Sie streichen aus was ich für Gut erklärt habe, und ich finde diß auch ganz natürlich, da Sie der Stifter und Eigenthümer dieses Blattes sind; nur kann ich bey diesem Verfahren nicht einsehen, warum und wozu Sie noch einen eigenen Redacteur besolden, wenn Sie ihm aus beleidigendem Mißtrauen die Leitung nicht ganz übergeben. Sie fanden vor einiger Zeit einen Articel aus Rom langweilig; er mußte – von fremder Hand – bearbeitet, beschnitten werden, ich – und nach mir das hiesige literarische Publicum, fand einen Artikel aus Berlin nicht nur langweilig, sondern auch ungründlich, verworren und schlecht gearbeitet; ich kürzte ihn ab und Sie – ließen ihn nach seiner ganzen Breite druken. Mein Name ist nicht unbekannt in Teutschland; mehrere öffentliche Blätter haben ihr Vergnügen ausgesprochen das Mblatt in meiner Hand zu sehen, mir kann es also durchaus nicht gleichgültig seyn, ob hinter meinem Rüken gedrukt wird, was ich als untauglich verworfen habe. Können Sie wohl dieses Verfahren gegen mich billig nennen? Eine langjährige Erfahrung hat Sie Menschen Kenntniß gelehrt und in unglaublich kurzer Zeit haben Sie eingesehen daß ich zum Redacteur nicht tauge. Ich fühle selbst, daß ich zum Redacteur in *Ihrem* Sinne nicht paße, daß mich diese unseeligen Verhältniße ängstlich, muthlos, verdroßen machen. Ich will Ihnen nicht vorwerfen daß Sie wohl hätten vorauswißen können, daß Sie die Redaction des Morgenblattes mir nie völlig übergeben würden, daß Sie mich, indem Sie mir die Sache in einem schöneren Lichte zeigten, von anderen Verbindungen hinwegführten, die jezt unwiederbringlich für mich verloren sind. Sie meinten es vielleicht gut mit mir. Auf der andern Seite werden Sie es aber nicht übel nehmen, wenn ich Ihnen behülflich bin »der Sache auf andere Art zu helfen«. Nicht etwa als ein muthloser, als hätte ich mehr auf mich genommen als mir zu leisten möglich ist; ich fühle mit Stolz daß ich einer solchen Sache doch gewachsen bin, aber ich trete zurük mit Erröthen, aus persönlicher Ehrfurcht und Gutmüthigkeit, eine solche Behandlung so lange gedultet zu haben. Ich höre vom 1ten März an auf Redacteur des Morgenblatts zu seyn. Mögen Sie, wenn Sie Sich wieder einen Gehülfen suchen, in Ihrer Wahl glüklicher seyn, mögen Sie, wenn es ein Mann von einigem literarischen Ruf ist, nie die Gränzen einer würdigen Behandlung vergeßen. Mit den Besten Wünschen für Ihre Ruhe und Ihr Wohl. . .

2. März Nachdem sich die von Hauff als Kündigungsdrohung mißverstandene Bemerkung Cottas, er müsse »der Sache [des ›Morgenblatts‹] auf andere Art . . . helfen«, geklärt hat, nimmt er seine Kündigung zurück. Die »andere Art« bezieht sich auf Hermann Hauff, der nach dem lange verfolgten gemeinsamen Plan der Brüder in die Redaktion eintritt.

7. März ›H. Clauren und seine Doppelgänger‹, in: ›Bemerker‹, Nr 6, Beilage zum ›Gesellschafter‹: Hauffs Persiflage auf Clauren und die ›Controvers-Predigt‹ werden als »Buchhändler-Spekulation« verurteilt.

17. März Döring erwartet für sein ›Frauentaschenbuch‹ Hauffs Satire ›Die letzten Ritter von Marienburg‹.

21. März Hauff übersendet Cotta den Redaktionsplan für die kommende Woche. »Mit Vergnügen sehe ich einer Stunde entgegen, worinn es Ihnen vielleicht angenehm ist, mich über Ihre Wahl zu belehren.«

29. März ›*Brambleyte-Haus oder Ritter und Rundköpfe, ein Roman von Horaz Smith. Aus dem Englischen. Drei Teile. Stuttgart: Franckh 1826. – Brambleyte-House oder der Schwarze Geist. Romantische Darstellung aus den Zeiten Cromwells. Nach der zweiten Ausgabe aus dem Englischen übersetzt von C. A. Michaelis. Vier Teile. Leipzig: Wienbrack 1826*‹, in: ›*Blätter für literarische Unterhaltung für das Jahr 1827*‹, *Nr 75*.

30. März Legt Tieck seinen Plan vor, die »Kämpfe in Tirol im Jahre 1809 in den Rahmen eines Romanes« zu fassen, auf den er ohne Tiecks »Trost und Ermunterung« aber lieber verzichten wolle.

1. April Abrechnung für das 1. Quartal des ›Morgenblatts‹: Hauff erhält für eigene Beiträge 206.43 Gulden sowie 350 Gulden Redaktionsgehalt, aus denen er seinen Bruder bezahlt.

3. April Übersendet Quittung für 556 Gulden an Cotta und schlägt vor, für die Entlastung von der täglichen Korrektur durch Georg von Cotta (1796–1863) und seinen Bruder Hermann auf 300 Gulden zu verzichten. Neues Quartalsgehalt: 275 Gulden. Verzichtet auf Redaktionshonorar für das ›Taschenbuch für Damen auf das Jahr 1828‹ und kündigt für den nächsten Band die Novelle ›Das Bild des Kaisers‹ an.

30 Hermann Hauff in späteren Jahren. Photographie von G. Kutenits, Heilbronn. (Württembergische Landesbibliothek Stuttgart).

5. April Sendet Wochenübersicht fürs ›Morgenblatt‹ an Cotta mit der Bitte »ohne weiteres nach Ihrem Gutdünken abzuändern«.
Brockhaus mahnt erneut die Besprechung der Scott'schen Napoleon-Biographie an.

7. April Übersendet Cotta ein Manuskript Jean Pauls mit Streichungsvorschlägen.

8. April Hermann Hauff versichert Johann Friedrich Cotta nach der neuen Organisation der Redaktion des ›Morgenblattes‹: »Ich besitze nicht das Selbstvertrauen, vielleicht nicht das Talent meines Bruders, glaube aber so viel gelernt zu haben, daß ich in einer angemeßenen Sphäre etwas leisten kann . . . Ich besitze vielleicht zu wenig Selbstvertrauen, aber dieser Fehler, wenn es einer ist, überhebt mich auch der Qualen eines falschen Ehrgefühls, das durch alles gekränkt wird.«
Döring dankt für das Manuskript ›Die letzten Ritter von Marienburg‹.

9.–14. April ›*Die Bücher und die Lesewelt. Bilder*‹ in: ›*Morgenblatt*‹, *Nr 85–90*.

10. April Ludwig Robert kündigt nach 12jähriger Mitarbeit am ›Morgenblatt‹ wegen redaktioneller Eingriffe in seine Beiträge durch Hauff.

12. April Winkler reklamiert den Abdruck eines von ihm übersandten Beitrags im ›Morgenblatt‹ und fragt, ob Hauff denn so »vertieckt« sei, daß er seinen »heiteren Scherzen« keinen Raum mehr geben wolle.

17. April Hauff sendet Brockhaus die Besprechung der ersten beiden Bände von Scotts Napoleon-Biographie, bittet aber den Abdruck noch zurückzuhalten, da zwischen den Verlegern Franckh und Erhard von Metzler ein Streit über die deutsche Ausgabe entstanden sei. Karl Heinrich Hermes (1800–1865) hatte in seiner bei Metzler erscheinenden Zeitschrift ›Britannia, oder Neue englische Miszellen‹ einen Vorabdruck der Übersetzung veröffentlicht, während Franckh die Auslieferung verzögern mußte, um nicht vor der englischen Ausgabe zu erscheinen. In diesem Zusammenhang ist wohl auch ein von Cotta fürs ›Morgenblatt‹ abgelehnter Angriff auf Hermes zu sehen; jener habe Goethe, Tieck und Schlegel »auf eine Art gebrandmarkt«, die seinen »äußersten Unwillen« errege. Cotta plante mit Hermes die Herausgabe der Zeitschrift ›Ausland‹.

21. April Döring dankt Hauff für die Erwähnung seiner Leihbibliothek in den ›Memoiren des Satan‹ II.

27. April Winkler an Hauff: Er habe sich mit seinem letzten Brief über die Querelen mit Cotta vollkommen gerechtfertigt; auch er unterliege der Zensur und müsse darauf Rücksicht nehmen.

4. Mai *›Das gerettete Berlin‹*, in: *›Literatur-Blatt‹, Nr 36, Beilage zum ›Morgenblatt‹.*

7.–11., 14.–18., 21.–25. Mai *›Phantasien im Bremer Ratskeller‹*, in: *›Berliner Conversations-Blatt für Poesie, Literatur und Kritik‹, Nr 90–93, 95–98, 100–103.*

10./11. Mai *›Korrespondenz-Nachrichten‹*, in: *›Abend-Zeitung‹, Nr 112 113* und in: *›Morgenblatt‹ Nr 113/114 vom 11./12. 5.*

11./12. Mai *›Über Shakespeares ›Hamlet‹ und seine Beurteiler Goethe, A. W. Schlegel und Tieck. Von Karl Heinrich Hermes. Stuttgart 1827‹*, in: *›Blätter für literarische Unterhaltung für das Jahr 1827‹, Nr 110/111.*

12. Mai Hauff bittet Cotta um Intervention in der Auseinandersetzung mit Robert.

13./24. Mai Alexis gratuliert Hauff zu den ›Phantasien im Bremer Ratskeller‹: »Sie haben sich namentlich in der Korrektheit und Präzision des Stils ungemein vervollkommnet.«

18. Mai Christian Jakob Wagenseil (1765–1839), Augsburg, erbittet Beitrag für seinen ›Literarischen Almanach‹.

21. Mai Döring sendet das Manuskript der Erzählung ›Die Vorurteile‹ fürs ›Morgenblatt‹.

22. Mai Alexis rezensiert die ›Memoiren des Satan‹ II in den ›Blättern für literarische Unterhaltung‹.

24. Mai Hermes vermutet in Hauff den Autor eines Artikels in der Dresdner ›Abend-Zeitung‹ gegen sein Buch; Widerspruch Hauffs.

Hauff an Brockhaus: Gibt die Rezension über Scotts Napoleon zum Abdruck frei, sendet eine Fortsetzung über den 3. Band und kündigt die Besprechung des 4. Bandes in zehn Tagen an. Der Beitrag muß mit Rücksicht auf Cotta unter der Autorennummer 104 (statt 124 für Hauff) erscheinen. Offeriert Besprechungen von Bonstettens Briefen an Matthisson, General Foy's hinterlassenen Werken und für Alexis' ›Avalon‹ nach Scott.

vor dem 28. Mai Zur Erholung in Tirol(?).

28. Mai Hauff dankt Herloßsohn für die Widmung der von ihm verfassten Clauren-Satire: ›Der Luftballon oder die Hundstage in Schilda‹. Über die Arbeit am ›Morgenblatt‹: »Wenn Sie bedenken, wieviel im Morgenblatt, das wöchentlich sechsmal erscheint, steht, und ich Ihnen sage, daß man fünfmal mehr zurückschickt als abgedruckt wird, so können Sie sich ungefähr die Summe der Last denken, die auf mir liegt. Und w i e habe ich dieses Blatt vorgefunden! Mit Schriftstellern war beinahe gar keine Verbindung mehr angeknüpft, in alle Welt mußte ich Brandbriefe ausschreiben, um Kontributionen einzuziehen, die jetzt nach und nach spärlich eingehen. Deswegen ist das Blatt auch in 6 Monaten bei weitem nicht das geworden, was es sein soll.«

Hauff an Advocat Lindner, Dresden: Bittet um Nachsicht wegen der vor einem Jahr versprochenen Auskünfte über die Nachdrucker in Württemberg und kündigt Materialien an.

2. Juni/Pfingsten Döring gedenkt Hauffs

Aufenthalt in Frankfurt vor einem Jahr, »Wo sie unseren kleinen Kreis belebten und seine Freuden vermehrten.« Im Wilhelmsbad werde morgen nachmittag, Punkt 4, auf seine Gesundheit getrunken.

7. Juni Hauff an Brockhaus: Hermes habe ihn in der Stuttgarter Neckarzeitung einen »anonymen Buben« genannt. Bittet um Protest.

Hauff bittet Robert als langjährigen Mitarbeiter des ›Morgenblatts‹ um seine Unterstützung bei der Umgestaltung des Blattes, das Robert wegen seiner vordergründigen Vielfalt eine Sammlung von »Probekarten« genannt hatte.

8. Juni Herloßsohn gibt seiner Freude über Hauffs Zustimmung zu der Widmung des ›Luftballon‹ Ausdruck und berichtet von einer Hamburger Aufführung des Stücks.

13. Juni Therese Huber an Paulus Usteri (1768–1831): »Das ›Morgenblatt‹ redigiert ein Herr Hauff, der durch den Mann im Mond ein so unverdientes Aufsehen machte . . . Seine Satanspapiere sind freche, oder matte persönliche Satiren.« (Geiger/Huber)

19. Juni *›Briefe von Bonstetten an Matthisson, herausgegeben von Füßli, Orell und Füßli 1827‹*, in: *›Literatur-Blatt‹, Nr 49, Beilage zum ›Morgenblatt‹*.

Hauff an Cotta: Bietet ›Jud Süß‹ zum Abdruck im ›Morgenblatt‹ an und bemerkt wegen der in der Stuttgarter Gesellschaft bekannten und belastenden Einzelheiten über die Verurteilung und Hinrichtung des Finanzrats Joseph Süß-Oppenheimer (1698/99–1738): »Ich habe versucht ein möglichst lebendiges Bild jener für unser Vaterland so verhängnisvollen Zeit zu geben, ohne jedoch irgend ein Intereße gegenwärtig lebender, hoher oder niederer Personen zu verletzen.«

27. Juni Nach der Aufstellung des ›Zubringens Inventar‹ der Eheleute Hauff beträgt das Vermögen des Gatten 2208.27.3 Gulden, das seiner Frau 5053.34 Gulden.

2.–31. Juli *›Jud Süß‹*, in: *›Morgenblatt‹, Nr 157–163, 165–170, 172–182.*

10. Juli Abrechnung für das 2. Quartal des ›Morgenblatts‹: Redaktionshonorar 275 Gulden; für Beiträge im ›Morgenblatt‹ und im ›Literatur-Blatt‹ werden 71 Gulden berechnet. Hauff legt Konzept und Umfangberechnung für das ›Taschenbuch für Damen‹ vor, hofft auf ein Schauspiel von Platen und bittet um Cottas Vorschläge für die Umschlaggestaltung.

Schorn erhofft immer noch die Übersiedlung der Redaktion des ›Morgenblattes‹ nach München.

13. Juli Hauff dankt Joseph Engelmann, Heidelberg, für die Einladung zur Mitarbeit an dem Taschenbuch ›Cornelia‹.

14. Juli Bittet die Cotta'sche Buchhandlung bei Ackermann in London Kupferstiche von E. Finden nach Zeichnungen von J. Stephanoff für das ›Taschenbuch für Damen‹ zu bestellen.

18. Juli Hauff dankt Streckfuß für das Gedicht ›Theoderichs Gastmahl‹ und erhofft sich von den Mitgliedern der Berliner Mittwochsgesellschaft eine Berliner Korrespondenz fürs ›Morgenblatt‹.

20. Juli Hauff an Cotta: Quittiert die Abrechnung vom 10. Juli. Übersendet Anzeige für das ›Taschenbuch für Damen‹. Bietet Cotta die Herausgabe einer Sammlung seiner ›Novellen‹ und einer Einzelausgabe der ›Phantasien im Bremer Rathskeller‹ an; für die ›Novellen‹ lägen Angebote von Arnold, Franckh und Schlesinger (Höchstgebot 500 Gulden), für die ›Phantasien‹ ein Angebot von Schlesinger mit 90 Thalern vor.

21. Juli Cotta dankt Hauff für die Verlagsangebote und bittet um Aufschub mit der Herausgabe bis Weihnachten. Hauff wendet sich daraufhin an Franckh.

Brockhaus begründet gegenüber Hauff den Verzicht auf einen Protest gegen Hermes, warnt vor einem unechten 3. Teil der ›Memoiren des Satan‹ und mahnt die Rezensionen an. Abrechnung für bisherige Beiträge über 34 Rtl.

24. Juli Franckh, erfreut über die künftige Zusammenarbeit trotz des »reichen Manns im Evangelium« (d.i. Cotta), schlägt für die drei Bände der ›Novellen‹ und für ›Phantasien und Skizzen‹ jeweils 1000 (statt 800) Exemplare vor und offeriert für jedes 100 über 800 Exemplare 100 Gulden. Erhofft eine Einzelausgabe des ›Jud Süß‹ für Ostern 1828, bittet um das Manuskript für den kommenden ›Mährchen-Almanach‹ und ersucht um Hauffs Meinung über die Gestaltung des Umschlags für die Einzelausgabe der ›Phantasien im Bremer Rathskeller‹.

26. Juli Hauff warnt im ›Berliner Conversationsblatt‹ vor einem unechten 3. Teil der ›Memoiren des Satan‹.

27. Juli *›Der reuige Autor‹*, in: *›Literatur-Blatt‹, Nr 60, Beilage zum ›Morgenblatt‹.*

Juli Hauff befällt ein »kleines Gallenfieber«; der Arzt schickt ihn zur Erholung ins Vintschgau(?). »Ich bin aber nicht gar gesund zurückgekehrt.«

Juli? Fragt nach den englischen Kupfern bei der Cotta'schen Buchhandlung und legt den Titel fest: ›Taschenbuch für Damen für das Jahr 1828. Mit Beiträgen von Fr. v. Matthisson, G. Schwab, Graf v. Platen, E. v. Schenk, Michael Beer, W. Alexis, Georg Döring, W. Hauff und andern. Mit englischen Kupfern.‹

Ende Juli? Herloßsohn übersendet seine Clauren-Parodie im Stile der ›Memoiren des Satan‹: ›Löschpapiere aus dem Tagebuch eines reisenden Teufels‹. Herausgegeben von Heinrich Clauren. Leipzig: Taubert 1827, und bittet um Rezension im ›Literatur-Blatt‹ des ›Morgenblattes‹. Weist auf eine weitere Clauren-Mystifikation im Stile Hauffs hin: ›Memoiren des Herrn de la Folie‹, Herausgegeben von Niemand (d.i. C. Niedmann). Wolfenbüttel: Niedmann 1827.

2. August Hauff dankt Herloßsohn für die ›Löschpapiere‹, die er anzeigen werde.

7. August Hauff schickt Friedrich Franckh einen Sessel, da dieser sich bei seinem Autor beklagt hatte, daß ihm nichts mehr abgehe, »als eine gewisse anständige und solide Ruhe, eine behagliche und von Hast und Eile ungetrübte Beschäftigung« in seinem Beruf.

7. August – 6. September Reise nach Tirol zu Studien über den geplanten Andreas-Hofer-Roman.

7./8. August Ulm, bei Seybothen.

8.–11. August München. Lernt Ludwig Schorn kennen, der ihn mit Leo von Klenze (1784–1864), Albert Klebe (1769–1843), »den dummen Redakteur der Flora«, Bergrat Gotthilf Heinrich Schubert (1780–1860), den Theologen Georg Leonhard Dresch (1786–1836), den Naturphilosophen Lorenz Oken (1779–1851) bekannt macht. Über Cottas weitere Mitarbeiter in München – Karl Friedrich Vollrath Hoffmann (1796–1842), den Leiter der Münchner Anstalt, und die Redakteure Mebold und Kolb, die ihm aus Tübingen bekannt waren, sowie über Hermes, der mit der Gründung der Zeitschrift ›Ausland‹ beauftragt ist – äußert er sich zurückhaltend.

11. August Hauff bei dem Ehepaar Cotta in Kreuth am Tegernsee. Erörterung der Übersiedlung des ›Morgenblatts‹ nach München.

12. August Achental – Schwaz – Innsbruck.

zwischen 13. und 20. August Bereist mit einem »munteren Tiroler, der in seinem 16. Jahr die Kampagne von 1809 mitmachte« die Stätten Andreas Hofers: Berg Isel, Schönberg, Matrei, Steinach, Gries, den Brenner. Sterzing, Sterzinger Moos, Schloß Trens, »wo meine Historie spielt«. Brixener Klausel. Begegnet in Mittewald Martin Schenk, dem Kreuzwirt aus Brixen, der als Adjutant Speckbachers an den Kämpfen teilnahm und ihm das Treffen am Klausel schildert. Weiter nach Bozen.

15. August Erste, von Hauff verfaßte Anzeige des ›Taschenbuch für Damen auf das Jahr 1828‹, in: ›Intelligenz-Blatt‹, Nr 23, Beilage zum ›Morgenblatt‹.

20. August Bozen – Meran.

Weiter über Naturns – Kastellbell – Schlanders – Glurns – Mals – Graun – Hochfinstermünz – Pfunds – Schöneck – Loretto – Imst – Silz – Stams – Zirl nach Innsbruck.

23.–25. August Innsbruck.

26. August – Ende August München.

28. August Berichtet Cotta nach Kreuth über seine Münchner Begegnungen mit Eduard von Schenk (1788–1841) und dem Plan Schellings (1775–1854), eine Zeitschrift zu gründen, »welche nach Art franz. und engl. Journale ihren Gegenstand zwar erschöpfen, aber in einer faßlichen, eleganten und populären Weise vortragen soll«. Thematisch werde das Blatt Philosophie, Geschichte und Naturgeschichte in Aufsätzen und Kritiken enthalten.

1. September Nördlingen. Hauff berichtet Cotta, er habe mit Schubert einen Bericht über die »intereßanten Sitzungen der Naturforscher« in München fürs ›Morgenblatt‹ verabredet.

5. September Wieder in Stuttgart.

7. September Bitte an die Cotta'sche Buchhandlung um einen Honorarvorschuß von 150 Gulden. – An Cotta die Frage nach der Auflage des ›Taschenbuchs für Damen‹ (1000 oder 1500 Exemplare) und über Ausstattung desselben.

13. September Das ›Taschenbuch für Damen‹ ist mit einer Auflage von 1500 Exemplaren im Druck. Cotta wird über die von Hitzig vorgeschlagene Berliner Korrespondenz durch Karl von Holtei (1798–1880) für das ›Morgenblatt‹ unterrichtet. Thema: Sitten, Gesellschaft, Literatur und Musik, Theater. Erkundigt sich nach Cottas Absichten bezüglich der Verlegung des ›Morgenblattes‹ nach München, da seine Wohnung zum April 1828 gekündigt worden sei. Die Buchhandlung Schlesinger, Berlin, bei der das ›Berliner Conversations-Blatt‹ erscheint, rechnet 59 rth. für Hauffs Beiträge ab und bringt 2 rth. für die von Hauff gewünschten Anzeigen mit der Warnung vor einer unrechtmäßigen Ausgabe der ›Memoiren des Satan‹ III in Abzug. Bedauert, daß Hauff die ›Phantasien im Bremer Rathskeller‹ bereits einem Verleger versprochen habe und bietet sich für alle künftigen literarischen Arbeiten mit seinem Verlag an.

um den 14. September Wilhelm Müller (1794–1827), der »Griechen-Müller«, besucht Hauff in Stuttgart.

vor dem 16. September Erscheinen der überarbeiteten und erweiterten Einzelausgabe: *›Phantasien im Bremer Rathskeller, ein Herbstgeschenk für Freunde des Weines.‹ Von Wilhelm Hauff. Stuttgart: Gebr. Franckh 1827.*

19. September Herloßsohn macht durch eine ›Erklärung‹ im ›Intelligenz-Blatt‹, Nr 26, Beilage zum ›Morgenblatt‹, bekannt, daß seine unter H. Claurens Namen publizierten ›Löschpapiere aus dem Tagebuche eines reisenden Teufels‹ in Leipzig konfisziert worden seien. Sein Verleger Taubert, der an dem angefochtenen Monolog, durch den sich einige Buchhändler beleidigt fühlten, keinerlei Anteil habe, sei gegen die Beschlagnahme gerichtlich eingeschritten. (Datiert: Leipzig 10. 8. 1827).

vor dem 20. September *›Die letzten Ritter von Marienburg‹. Novelle, in: ›Frauentaschenbuch für*

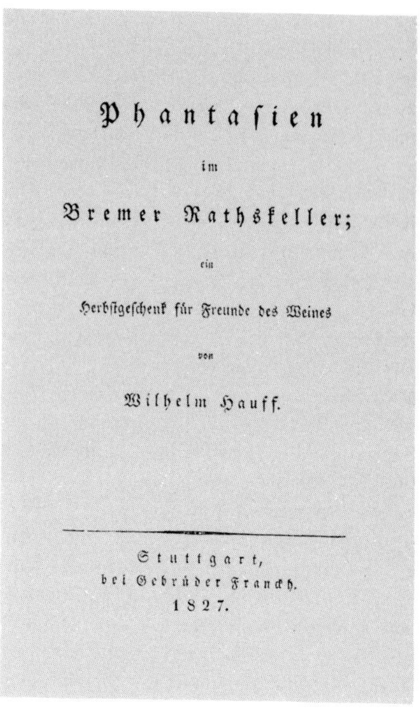
Phantasien

im

Bremer Rathskeller;

ein

Herbstgeschenk für Freunde des Weines

von

Wilhelm Hauff.

Stuttgart,
bei Gebrüder Franckh.
1827.

31 Titelblatt der Erstausgabe

das Jahr 1828‹, hrsg. von Georg Döring. Nürnberg: Schrag [1827].

20. September Im ›Hesperus‹, Nr 226, räumt ein unbekannter Rezensent Hauffs Novelle ›Die letzten Ritter von Marienburg‹ unter den Erzählungen in der »Taschenbücher-Literatur« den ersten Platz ein: »Geist und Originalität in der Erfindung, Feinheit in der Behandlung, Neuheit in so manchen Situationen und Wendungen, . . . Anspielungen auf den neuesten Zustand unserer Literatur und Kritik, treue Schilderung ihrer Gebrechen, Witz, Laune, Leben und Wahrheit in der Zeichnung einzelner Charaktere und Scenen – diese und mehrere Vorzüge . . . heben diese Novelle weit über den Troß der vielen. . .«

Herbst Der Bildhauer Theodor Wagner (1800–1880), ein Freund von Carl Grüneisen (1802–1878), lernt Hauff kennen.

24. September *›Schloß Avalon. Frei nach dem Englischen des Walter Scott vom Übersetzer des*

›*Walladmor*‹ *[d. i. Willibald Alexis]. Drei Bände. Leipzig: Brockhaus 1827*‹, in: ›*Blätter für literarische Unterhaltung für das Jahr 1827*‹, *Nr 220.*

29. September Erklärt sich mit Cottas Vorschlägen für das ›Taschenbuch für Damen‹ einverstanden. Erkundigt sich bei Cotta, ob ihm das ›Morgenblatt‹ im letzten Monat gefallen habe. Er lebe in »der schönen Hoffnung, nach mehrfacher Correspondenz hin und her, Aufsätze von dem berühmten Weltumsegler A. Chamisso zu erhalten«, den er in Berlin kennengelernt habe. »Wird wohl Börne keine Aufsätze mehr einsenden?«

30. September Treffen der Tübinger Burschenschafter in Göppingen.

September/Oktober Hauff klagt über Appetitlosigkeit.

9. Oktober Beklagt sich über Henri Knapps (gest. 1830) Übersetzungsbeiträge fürs ›Morgenblatt‹, die manchmal erst nach der deutschen Ausgabe der französischen Titel geliefert würden. Abrechnung für das 3. Quartal 1827.

um den 10. Oktober Wilhelm Friedrich Frisch, Mitglied der »kleinen Compagnie«, der

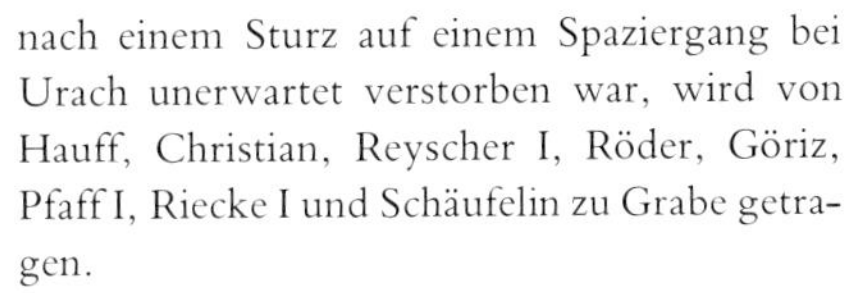

nach einem Sturz auf einem Spaziergang bei Urach unerwartet verstorben war, wird von Hauff, Christian, Reyscher I, Röder, Göriz, Pfaff I, Riecke I und Schäufelin zu Grabe getragen.

19. Oktober ›*Peter Schlemihl's wundersame Geschichte, mitgeteilt von A. von Chamisso. Zweyte mit den Liedern und Balladen des Verfassers vermehrte Ausgabe. Nürnberg: bey I. G. Schrag, 1827*‹, in: ›*Literatur-Blatt*‹ *Nr 84, Beilage zum* ›*Morgenblatt*‹.

November? ›*Maehrchenalmanach für Söhne und Töchter gebildeter Stände auf das Jahr 1828*‹, *herausgegeben von Wilhelm Hauff mit Kupfern. Stuttgart: Gebr. Franckh 1828.*

Der Band enthält: ›Das Wirtshaus im Spessart‹ (Rahmenerzählung), ›Das kalte Herz, ein Mährchen‹ (I), ›Said's Schicksale‹, ›Die Höhle von Steenfoll, eine Schottländische Sage‹, ›Das kalte Herz‹ (II) sowie ›Der nächtliche Gang auf den Kirchhof‹ von Fuhrmanns.

Anfang November Hauff an Brockhaus: Entschuldigt die nicht eingehaltenen Versprechungen für Beiträge mit seinem Gesundheitszustand. Nun sei er »durch schreckliche Purganzen beinahe wieder hergestellt, und gänzlich haben sie mir die Galle ausgeleert; die wächst aber wieder, solange Deutschland Deutschland ist«. Lehnt Herausgabe des Taschenbuchs

32/33 Titelkupfer von D. Fohr für ›Das Wirtshaus im Spessart‹ und Titelblatt der Erstausgabe.

Maehrchenalmanach
für
Söhne und Töchter
gebildeter Stände
auf das Jahr
1828
herausgegeben
von
Wilhelm Hauff
mit Kupfern
Stuttgart
bei Gebrüder Franckh
1828.

›Urania‹ mit Hinweis auf seine Verpflichtungen gegenüber Cotta ab, ist aber zur Lieferung von Beiträgen unter der Bedingung eines höheren Honorars als Schrag zu zahlen bereit wäre, geneigt. Übersendet kleine Rezension über »dramatische Studien eines jungen, sehr hoffnungsvollen Dichters«.
Klagt über schlechten Magen und Unwohlsein; läßt sich durch Hermann Hauff »Vomieren« und »Laxieren«. Leichte Besserung.
2. November Anweisungen für Belegexemplare und Honorare des ›Taschenbuchs für Damen‹, das in diesen Tagen erscheint: *›Taschenbuch für Damen. Auf das Jahr 1828‹. Stuttgart und Tübingen: Cotta 1828.* Enthält von Hauff die Novelle *›Das Bild des Kaisers‹* und die *›Erklärung der Kupfer‹*.
Erkundigt sich bei Cotta über das nächstjährige Tachenbuch, in dem er einen Beitrag von »Dr. Heyne« (Heinrich Heine) sich wünsche.
4. November Unternimmt Ausfahrt.
5. November Dankt für Cottas Auftrag zur Herausgabe des nächstjährigen Taschenbuchs und wünscht sich dafür Illustrationen des »jungen Förster« unter Cornelius' Anleitung mit Szenen der Nibelungen.
7. November Erneute Verschlechterung des Gesundheitszustandes. Atembeschwerden. Verdacht auf »Hypochondrie«. Konsultation durch Dr. Ernst Albert Zeller (1804–1867).
Riecke I wird gerichtlich als »Kriegsvogt«, d. h. Berater und Vermögensverwalter für Luise Hauff im Falle ihrer Witwenschaft eingesetzt.
10. November Luise Hauff wird, früher als erwartet, von einer Tochter entbunden. Sie bekommt den Namen Wilhelmine. Hauff verbringt 3 Stunden »außer Bett«. Klagt über »Brustkrampf«.
Hauff ermahnt die Cotta'sche Buchhandlung erneut, die Autorenexemplare des ›Taschenbuchs für Damen‹ zu versenden. Bittet um Vorschuß von 300 Gulden.
Verlegeranzeige des ›Taschenbuch für Damen‹, verfaßt von Hauff, mit der Bemerkung: »Wir bemerken schließend, daß in diesem reichen Schmuck in Deutschland noch nie ein Taschenbuch erschienen ist.«

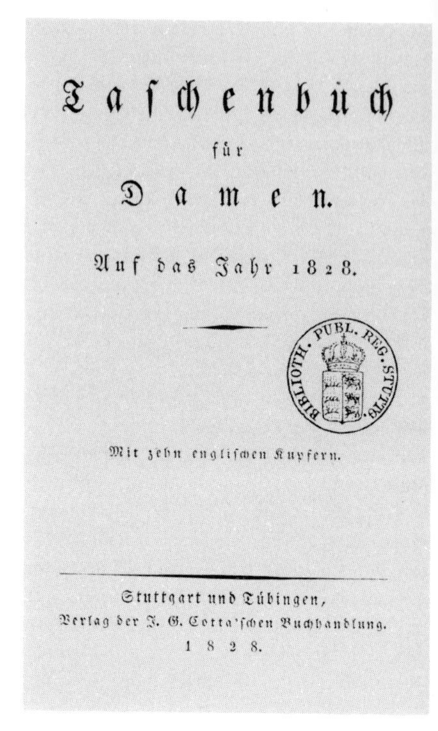
Taschenbuch
für
Damen.
Auf das Jahr 1828.
Mit zehn englischen Kupfern.
Stuttgart und Tübingen,
Verlag der J. G. Cotta'schen Buchhandlung.
1828.

34 Titelblatt der Erstausgabe. (Württembergische Landesbibliothek Stuttgart).

11. November Besucht seine Frau am Kindbett zum letzten Mal. Besuch von Riecke I; läßt Wilhelmine bringen, die er stolz als erstes Kind der »Compagnie« feiert.
Mitte November Diagnose seiner Krankheit: »Schleimfieber«, später »Nervenfieber«.
16. und 23. November *›Taschenbücher auf 1828‹*, in: *›Literatur-Blatt‹, Nr 92 und 94, Beilage zum ›Morgenblatt‹*. In der Selbstbesprechung von Dörings ›Frauentaschenbuch‹ heißt es über ›Die letzten Ritter von Marienburg‹: »Auch wieder einmal eine Novelle, doch gottlob keine historische . . . Lieber wäre es uns gewesen, wenn Herr Hauff seinen Stoff . . . durchaus zu einer Satyre der historischen Romane, nicht aber zu einer ziemlich unnöthigen Belobung derselben benützt hätte. Herr Hauff scheint sich zwar diesmal in Hinsicht auf Sprache und Anordnung mehr Mühe gegeben zu haben, als im

vorjährigen Frauentaschenbuch; aber auch hier sind die Figuren nur skizziert, flüchtig angedeutet und gelangen somit nicht zu ächterem, farbigen Leben.«

18. November Karl von Holtei aus Berlin empfiehlt die Sängerin Demoiselle Karl vom Hoftheater an Hauff und kündigt, mit Grüßen von Hitzig, Berichte über das dreijährige Jubiläum der Mittwochsgesellschaft fürs ›Morgenblatt‹ an.

Hauff verabschiedet sich mehrmals von den Seinen und bittet, Stühle ins Zimmer zu bringen, um die »Compagnie« zu versammeln. Stirbt am frühen Nachmittag.

»Wir müssen uns der traurigen Pflicht entledigen, unsern Lesern anzuzeigen, daß der Verfasser des hier abbrechenden Aufsatzes über die Taschenbücher, Herr Dr. Wilhelm Hauff, heute gestorben ist. Dieser Aufsatz wurde von ihm erst während seiner kurzen Krankheit begonnen und ist als die lezte Gabe seines liebenswürdigen Humors zu betrachten. Sanft ruhe die Asche des Frühvollendeten!

Stuttgart, den 18. November 1827.

Die Redaktion des Literaturblatts.«

19. November Hermann Hauff bietet Johann Friedrich Cotta die Weiterführung der Redaktion des ›Morgenblattes‹ an »bis ich Ihre näheren Befehle darüber vernehmen werde«.

20. November Brockhaus stimmt Hauffs Honorarforderungen für das Taschenbuch ›Urania‹ zu und verteidigt sein Angebot der Redaktion, das er ihm nicht nur wegen des Todes von Wilhelm Müller (30. 9. 1827) angetragen habe.

21. November Beisetzung Wilhelm Hauffs auf dem Hoppenlaufriedhof in Stuttgart. Bei der Beerdigung spricht sein Vetter, Carl Grüneisen (1802–1878), damals Hofkaplan. Gustav Schwab liest sein Gedicht ›Im Namen der Freunde‹.

Das Grab wird mit einem Felsblock vom Lichtenstein geschmückt und mit Efeu vom Eingang der Nebelhöhle bepflanzt. 1844 wird seine am 2. 1. verstorbene Tochter Wilhelmine, 1867 seine am 30. 6. verstorbene Witwe neben ihm beigesetzt.

›Als Wilhelm Hauff starb‹. Gedicht von Friedrich Haug (1761–1829), dem Vetter seiner Mutter: »Mutter und Gattin, o klagt! . . .« und ein Nachruf von F. A. in ›Hesperus‹, Nr 279: »In seinen lezten Tagen beschäftigte er sich mit dem Text einer Oper [›Das Fischerstechen‹] für einen in Neapel angestellten Tonkünstler aus Stuttgart, Herrn [Julius] Benedikt. Der erste Akt ist auch bereits beendigt. Zu den weiteren Arbeiten, die er im Laufe des nächsten Jahres zu vollenden gedachte, gehört der dritte Theil der Memoiren des Satans und eine größere historische Novelle, die im tyroler Aufstand im Jahr 1809 spielen sollte.«

25. November Karl Immermann (1796–1840) bewirbt sich bei Johann Friedrich Cotta um die Nachfolge Hauffs im ›Morgenblatt‹.

26. November Taufe der Tochter Wilhelmine in der Hospitalkirche in Stuttgart. Paten werden alle Mitglieder der »kleinen Compagnie«, vertreten durch Riecke I.

1. Dezember Alexis, ›Wilhelm Hauff. Ein Freundes-Nachruf‹, in: ›Berliner Conversations-Blatt‹, Nr 238: »Täuschte mich nicht alles, so stand er auf dem Punkte einer poetischen Regeneration; der pasquillierende Autor, den das Publicum liebte, mußte verschwinden, und dafür ein Dichter im höheren Sinne des Wortes aufstehen.«

4. Dezember Wilhelm Waiblinger bewirbt sich, gedrängt von August Graf von Platen (1796–1835) und August Gförer (1803–1861), bei Cotta um Hauffs Nachfolge im ›Morgenblatt‹.

5. Dezember Ludwig Uhland, ›Auf Wilhelm Hauff's frühes Hinscheiden‹. Gedicht im ›Morgenblatt‹, Nr 291.

6. Dezember Alexis, ›Der Hände-Druck eines Todten‹, in: ›Berliner Conversations-Blatt‹, Nr 241. Über Hauffs Brief vom 10. 11., den Alexis erst nach dem Tod erhalten hatte.

6./7. Dezember *›Wilhelm Müller und Wilhelm Hauff‹, in: ›Morgenblatt‹, Nr 292/293.* Eine von Hauff verfaßte, unvollendet gebliebene Rezension der Taschenbücher auf das Jahr 1828, in der er den Tod des »Griechenmüllers« beklagte und deren erster Teil am 16. 11. erschienen war, wird von Hermann Hauff in seinem Nachruf abgedruckt und mit der Würdigung der schriftstellerischen Leistung Hauffs verbunden.

7. Dezember Gustav Schwab, ›Im Namen der Freunde, gedichtet und an Wilhelm Hauff's Grabe gesprochen‹. Gedicht, in: ›Morgenblatt‹, Nr 293.

10. Dezember Matthisson aus Wörlitz an Friedrich Haug: Bittet um die Erlaubnis, Haugs Gedicht auf Hauff an Methusalem Müller senden zu dürfen. »*Hauff's* Tod erfuhr ich zuerst aus der Berl. Zeitung. So unerwartet u. unvorbereitet hat mich noch kein Schlag getroffen. Der wirklich liebenswerthe Mann, von glänzendem Talent u. edlem Herzen, besaß meine ganze Zuneigung. . .«

12. Dezember Hermann Hauff, der bis 1865 die Redaktion des ›Morgenblattes‹ leitet, erbittet von Cotta die Hälfte des seinem Bruder zugestandenen Honorars als Redakteur, was ihn zeitlebens zu Vorschüssen nötigt und zum Schuldner des Verlegers macht.

14. Dezember [Hermann Hauff?], ›Nekrolog‹, in: ›Berliner Conversations-Blatt‹, Nr 247, unterzeichnet: »Die Freunde des Verstorbenen«.

15. Dezember Alexis, ›Die Taschenbücher. 1828‹, in: ›Berliner Conversations-Blatt‹, Nr 248; darunter die Besprechung von Hauffs ›Taschenbuch für Damen‹.

18. Dezember Grüneisen zeigt im ›Literatur-Blatt‹, Nr 101, Beilage zum ›Morgenblatt‹, die Einzelausgabe der ›Phantasien im Bremer Rathskeller‹ an: »Es verdient unstreitig unter allen seinen Arbeiten den Vorzug, nicht nur, weil uns in demselben seine vielseitige Laune, seine lebendige Darstellungsgabe in weit höherem Grade noch begegnen, sondern weil er darin, unabhängig von fremden Individualitäten, durchaus seine eigene uns aufgeschlossen hat.«

21. Dezember Uhland, ›Wilhelm Hauff‹. Gedicht, in: ›Berliner Conversations-Blatt‹, Nr 252.

22. Dezember Verlegeranzeige des ›Taschenbuch für Damen‹, in: ›Intelligenz-Blatt‹, Nr 47, Beilage zum ›Morgenblatt‹: »Der Text zeichnet sich neben interessanten Aufsätzen, prosaischen und poetischen Inhalts, besonders auch durch die lezten Arbeiten des kürzlich verstorbenen und allgemein beliebten Schriftstellers Dr. Wilhelm Hauff aus, von welchem wir hier nur die Erzählung ›das Bild des Kaisers‹ nennen wollen.«

Die Freunde der »kleinen Compagnie« lassen durch Wagner Hauffs Porträt modellieren. Jedes Mitglied erhält einen Abguß. Riecke I und Gustav Schwab veranlassen die Herausgabe der zur Veröffentlichung vorbereiteten Schriften.

Ende des Jahres ›*Novellen*‹. *Erster Theil. Stuttgart: Gebrüder Franckh 1828.*

1828

21. Februar ›Bericht über den Nachlaß von Wilhelm Hauff (als Ersatz für die unterbliebene gerichtliche Teilung)‹: Dem Barvermögen und den Außenständen von 1457.18 Gulden stehen Verpflichtungen in Höhe von 669.87 Gulden gegenüber.

10. März Protokoll des Stuttgarter Stadtrats: »Die Wittwe [!] des Dr. Wilhelm Hauff bittet im Einverständnis mit dem Pfleger ihres einzigen Kindes um Erlaubnis zu privater Vornahme der Eventual-Theilung.« »C[onclusum]: hiezu zu beurkunden, daß dem Gesuche kein Hinderniß entgegenstehe und daß Kriegsvogt und Pfleger verpflichtet seyen.«

21. März Eduard Mörike bewirbt sich bei Cotta um Hauffs Nachfolge im ›Morgenblatt‹.

1828 erscheinen: ›*Novellen*‹. *Zweiter (bis Dritter) Theil. Stuttgart: Gebr. Franckh 1828.* – ›*Phantasien und Skizzen*‹. *Stuttgart: Gebr. Franckh 1828.*

1829

Mit zahlreichen Anspielungen auf die Biographie Wilhelm Hauffs und die ersten beiden Teile erscheint: ›Mittheilungen aus den Memoiren des Satan‹. Herausgegeben von Wit, genannt von Dörring. Dritter Theil. Stuttgart: Gebr. Franckh 1829.

1830

Mit redaktionellen Eingriffen der Herausgeber Schwab (und Riecke (?)) erscheinen: ›*Wilhelm Hauff's sämmtliche Schriften, geordnet und mit einem Vorwort versehen von Gustav Schwab.*‹ *Mit Königl. Württ. allergnädigstem Privilegium gegen den Nachdruck. Erstes [bis Sechsunddreißigstes] Bändchen. Stuttgart: Fr. Brodhag 1830.*

Nachdruck: ›*Geist aus den sämmtlichen Werken Wilhelm Hauffs*‹. *Hildburghausen und New York: Bibliographisches Institut 1830.*

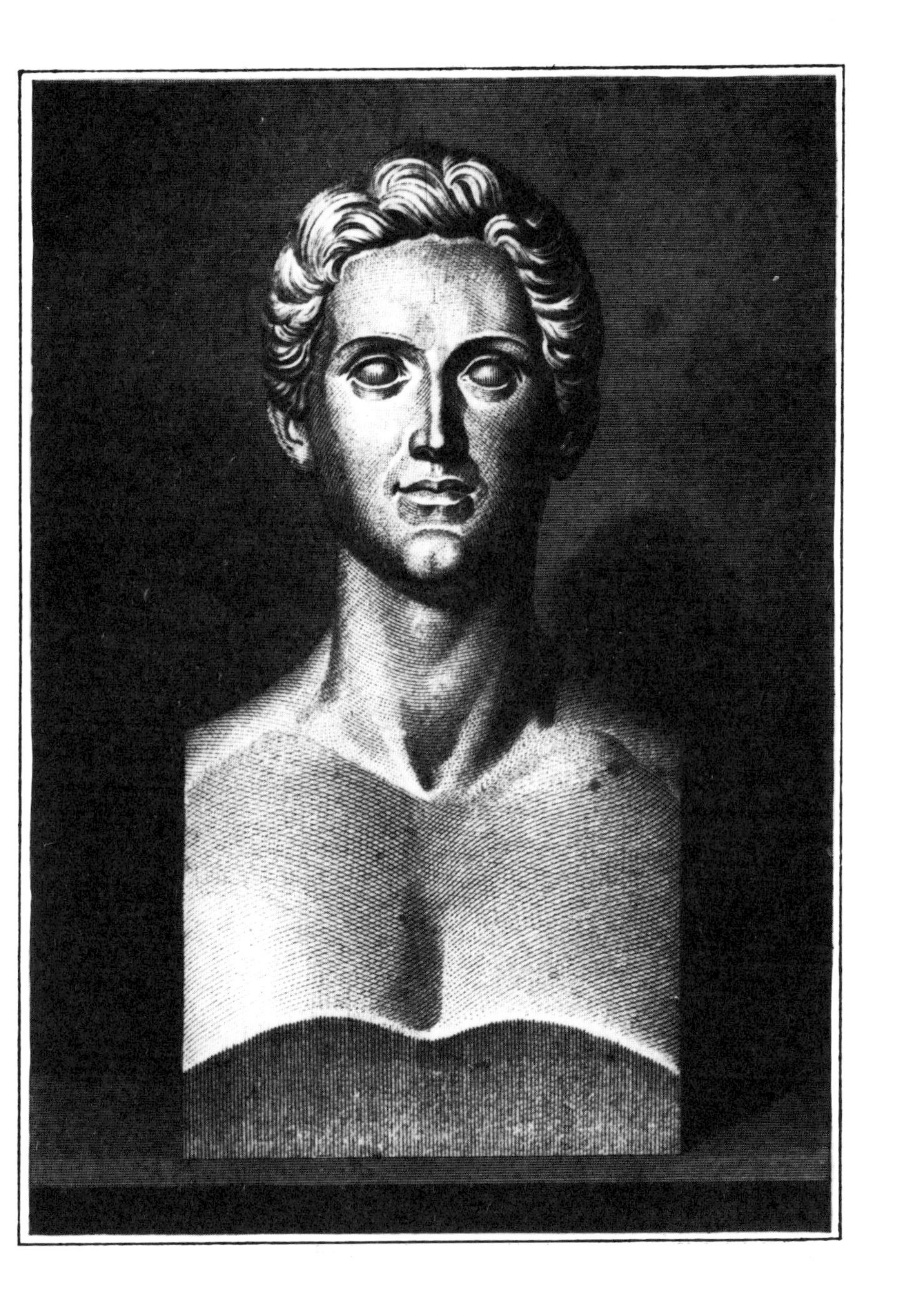

35 Wilhelm Hauff.
Büste von Theodor Wagner (1827). Stahlstich nach einer Zeichnung von Ferdinand Fellner von Charles Louis Schuler. Verkleinert.

Wilhelm Hauffs ›Lichtenstein‹

Die Verlagsankündigung: Ein deutscher Walter Scott

»Es möchte für das deutsche Publikum von nicht geringem Interesse seyn, zu sehen, wie der Herausgeber der so großes Aufsehen erregenden ›Memoiren des Satan‹, der Verfasser des witzigen ›Mannes im Monde‹ einen historischen Stoff zu einem Roman benüzte. Wir glauben sagen zu dürfen, daß dieser Roman, indem er sich in der vaterländischen Geschichte, auf vaterländischem Boden bewegt, indem er geschichtliche Charaktere auf die anziehendste Weise schildert, mit Recht den historischen Romanen der neuesten Lieblings-Dichter an die Seite gesezt werden kann und sich die Liebe des Publikums in einem hohen Grade verdienen wird.«

Die Anzeige der »romantischen Sage aus der württembergischen Geschichte« durch den Verlag der Gebrüder Franckh in Stuttgart im ›Intelligenz-Blatt‹, Nr 1, Beilage zum ›Morgenblatt‹ vom 3. Januar 1827, erschien pünktlich zur Übernahme der Redaktion des ›Morgenblatts‹ durch Wilhelm Hauff. Verlegeranzeigen werden häufig von den Autoren selbst formuliert. Auch Cotta forderte den Herausgeber seines ›Taschenbuchs für Damen. Auf das Jahr 1828‹ auf, eine entsprechende Anzeige zu verfassen. Die ›Lichtenstein‹-Ankündigung dürfte jedoch aus der Feder des Verlegers Franckh stammen, denn Hauff hatte ihn im Juni 1826 nicht nur wegen der unterbliebenen Aufnahme des Buches in den Meßkatalog getadelt; Franckh charakterisierte den Autor des ›Lichtenstein‹ mit ähnlichen schmückenden Attributen in seinem Brief vom 22. Februar 1826. Unmißverständlich für den damaligen Leser wies er auf die historischen Romane der »neuesten Lieblings-Dichter« hin, die sämtlich in seinem Verlag erschienen: Walter Scott, James Fenimore Cooper und Washington Irving. Ein »vaterländisches« Seitenstück zu den so überaus erfolgreichen Romanen von Walter Scott, von denen Franckh nach einer Anzeige vom 31. Mai 1826 30000 Exemplare verkauft haben wollte, mußte als verkaufsfördernde Empfehlung verstanden werden.

Popularisierung der eigenen Geschichte

Auch Wilhelm Hauff hatte in der ›Einleitung‹ zu seinem Buch auf »jene berühmten Novellisten« hingewiesen und bedauert, daß über der Kenntnis der schottisch-englischen und amerikanischen Geschichte die eigene, vaterländische Geschichte in Vergessenheit gerate:

»Die Quellen des Susquehanah und die malerischen Höhen von Boston, die grünen Ufer des Tweet und die Gebirge des schottischen Hochlandes, Alt-Englands lustige Sitten und die romantische Armuth der Galen, leben, Dank sey es dem glücklichen Pinsel jener berühmten Novellisten, auch bei uns in aller Munde. Begierig liest man in getreuen Uebertragungen, die wie Pilze aus der Erde zu wachsen scheinen, was vor sechzig oder sechshundert Jahren in den Gefilden von Glascow oder in den Wäldern von Wallis sich zugetragen. Ja, wir werden bald die Geschichte der drei Reiche so genau inne haben, als hätten wir sie nach den gelehrtesten Forschungen ergründet. Und doch ist es meist nur der große Unbekannte, der uns die Bücher seiner Chroniken erschloß und Bild an Bild in unendlicher Reihe vor dem staunenden Auge vorüberführte; er ist es, der diesen Zauber bewirkte, daß wir in Schottlands Geschichte beinahe besser bewandert sind, als in der unserigen . . .«

Die »historische Wahrheit« als »romantische Sage«

Ein schwäbischer Walter Scott also? Hauff räumte ein, daß die württembergische Geschichte den Vergleich mit der schottischen nur schwer aushalte. Doch nahm er für seine Schilderung einen Vorzug in Anspruch, der näherer Nachprüfung nicht standhält: die »historische Wahrheit«.
»Doch auch wir hatten eine Vorzeit, die reich an bürgerlichen Kämpfen, uns nicht weniger interessant dünkt als die Vorzeit des Schotten; darum haben auch wir gewagt, ein historisches Tableau zu entrollen, das, wenn es auch nicht jene kühnen Umrisse der Gestalten, jenen zauberischen Schmelz der Landschaft aufweist, und wenn das an solche Herrlichkeiten gewöhnte Auge umsonst die süße, bequeme Magie der Hexerei und den von Zigeuner-Hand geschürzten Schicksalsknoten darin sucht, ja wenn sogar unsere Farben matt, unser Crayon stumpf erscheint, doch Eines zur Entschuldigung für sich haben möchte, ich meine die historische Wahrheit.«

Quellenstudien

Der Autor nannte in seiner »romantischen Sage« eine ganze Anzahl historischer Quellen, die dem Leser ein umfangreiches Quellenstudium suggerieren. Durch eine Verlagsabrechnung Franckhs für die Zeit vom Frühsommer 1825 bis Dezember 1826 ist man darüber hinaus über Hauffs Bücherkäufe unterrichtet. Am 3. August 1825 stellte Franckh Walter Scotts Romane ›Der Pirat‹, ›Waverly‹, ›Kenilworth‹, ›Alterthümler‹, ›Nigel's Schicksale‹ und ›Robin der Rothe‹ in Rechnung; am 31. Oktober erscheinen »1 Conversationslexicon von 12 Bde. m. Einb.« und am 13. November »1 Schwaab Alp« in der Aufstellung.
Schwaab Alp: Darunter verbarg sich die von Hauff kräftig benutzte Reisebeschreibung ›Die Neckarseite der Schwäbischen Alb, mit Andeutungen über die Donauseite, eingestreuten Romanzen und andern Zugaben‹ von Gustav Schwab (Stuttgart: J. B. Metzler 1823), die zusammen mit seiner Sammlung ›Romanzen aus dem Jugendleben Herzog Christophs von Würtemberg. Mit ge-

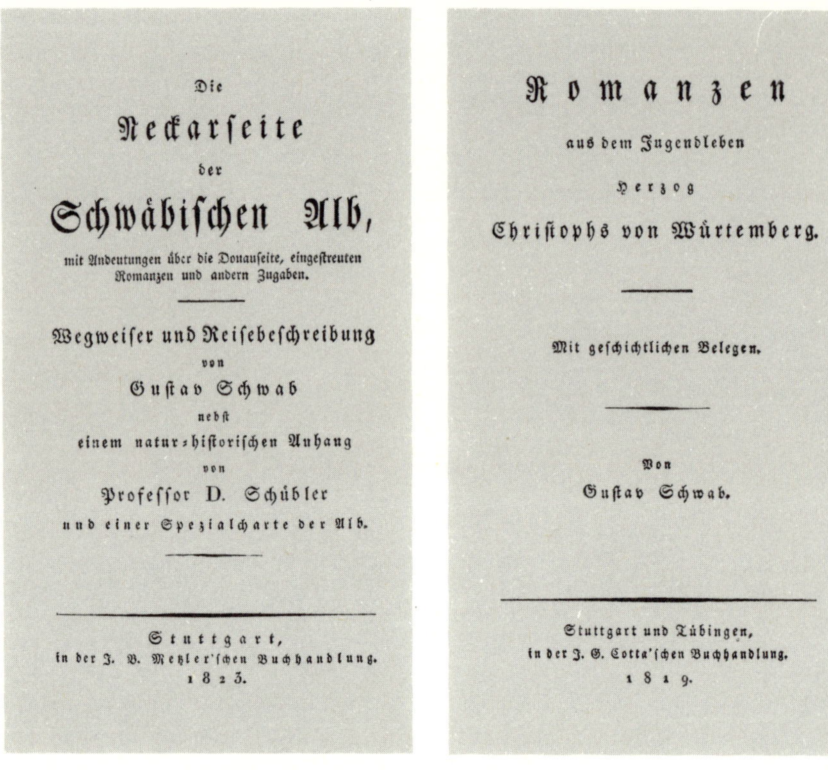

Die
Neckarseite
der
Schwäbischen Alb,
mit Andeutungen über die Donauseite, eingestreuten
Romanzen und andern Zugaben.

Wegweiser und Reisebeschreibung
von
Gustav Schwab
nebst
einem natur-historischen Anhang
von
Professor D. Schübler
und einer Spezialcharte der Alb.

Stuttgart,
in der J. B. Metzler'schen Buchhandlung.
1823.

Romanzen
aus dem Jugendleben
Herzog
Christophs von Würtemberg.

Mit geschichtlichen Belegen.

Von
Gustav Schwab.

Stuttgart und Tübingen,
in der J. G. Cotta'schen Buchhandlung.
1819.

36/37 Hauffs »historische« Quellen für den ›Lichtenstein‹. Titelblätter der Erstausgaben.

schichtlichen Belegen‹ (Stuttgart und Tübingen: Cotta 1819) und den dort mitgeteilten historischen Quellen wohl die erste Informationsquelle des Historikers Hauff genannt werden darf. Schon 1904 hat Max Schuster in seiner Untersuchung ›Der geschichtliche Kern des Lichtenstein‹, Band 1 der ›Darstellungen aus der Württembergischen Landesgeschichte‹ (Stuttgart: Kohlhammer) den ernüchternden Beweis geführt, daß die von Hauff genannten Quellen von Sattler und Pfaff, Thetinger, Crusius-Moser, Betzius, Stumphardt, Reißer u. a. unter den angegebenen Seitenzahlen nur gelegentlich zu finden sind. Hauff bediente sich der »Romanzen« Schwabs und ihrer geschichtlichen Belege, obwohl sich in seinem Nachlaß auch einige Exzerpte in Bruchstücken erhalten haben.

Verteidigung des Herzog Ulrich

Daß seine Darstellung des historischen Ulrich, Herzog von Württemberg (1487–1550), weit von der Überlieferung abwich, mußte Hauff bewußt sein. Er lieferte deshalb eine ausführliche Verteidigung:

»Unter den vielen Sagen, die von ihrem Lande und der Geschichte ihrer Väter im Munde der Schwaben leben, ist wohl keine von so hohem romantischem Interesse, als die, welche sich an die Kämpfe der eben erwähnten Zeit [den »dunklen Anfängen« der württembergischen Geschichte], an das wunderbare Schicksal jenes unglücklichen Fürsten knüpft. Wir haben versucht, sie wiederzugeben, wie man sie auf den Höhen von Lichtenstein und an den Ufern des Neckars erzählen hört, wir haben es gewagt, auch auf die Gefahr hin, verkannt zu werden. Man wird uns nämlich entgegenhalten, daß sich der Charakter Ulerichs von Würtemberg nicht dazu eigne, in einem historischen Romane mit milden Farben wiedergegeben zu werden; man hat ihn vielfach angefeindet, manches Auge hat sich sogar daran gewöhnt, wenn es die lange Bilderreihe der Herzoge Würtembergs mustert, mit scheuem Blick vom ältern Eberhard auf Christoph überzuspringen, als seye das Unglück eines Landes nur allein in seinem Herrscher zu suchen, oder als seye es verdienstlich, das Auge mit Abscheu zu wenden von den Tagen der Noth.«

Hauff sammelte alle Argumente, die bis auf den heutigen Tag *für* Ulrich angeführt werden. Die politische Glorifizierung seines Helden, gestützt auf die angebliche Lektüre »fast aller gleichzeitigen Schriftsteller«, verdrängte den historischen Ablauf der Geschichte mit den überaus erfolgreichen Mitteln des historischen Romans. Hauff fragte, »ob man nicht in Beurtheilung dieses Fürsten nur seinem erbittertsten Feinde, Ulerich von Hutten nachbetet, der, um wenig zu sagen, hier allzu sehr Partei ist, um als leidenschaftloser Zeuge gelten zu können«? Er führte den »gewaltigen Einfluß« von Zeit und Umgebung auf den jungen Ulrich an, der unter »Vormundschaft schlechter Räthe aufwuchs, die ihn zum Bösen anleiten um ihn nachher zu mißbrauchen«; er erinnerte daran, »daß er in einem Alter die Zügel der Regierung in die Hände bekam, wo der Knabe kaum zum Jüngling reif ist« und schilderte die »erhabenen Seiten seines Charakters: hohe Seelenstärke und einen Muth, der nie zu unterdrücken ist«, für die Belege schwer zu beschaffen sind.

Der historische Ulrich

Ulrich, der Sohn des in geistiger Umnachtung gestorbenen Grafen Heinrich (1448–1519), der jahrelang auf der Festung Hohentwiel gefangengehalten wurde, war nach der chaotischen Regierungszeit (1496–1498) seines Onkels, des Herzogs Eberhard II. (1447–1504), im Mai 1498 unter der »Vormundschaft des Regimentsrates« als rechtmäßiger Erbe eingesetzt worden. Eberhard II. wurde von der Landschaft abgesetzt. Ulrich war der dritte in der Reihe der württembergischen Herzöge. Erst dem Grafen Eberhard V. von Württemberg (Eberhard im Bart) war es im Zusammenspiel mit den machtpolitischen Zielen des römisch-deutschen Königs Maximilian (1459–1519) gelungen, die Grafschaft

Württemberg zum Herzogtum erheben zu lassen und die Anerkennung als Reichsfürst durchzusetzen. Der erstrebte Titel eines »Herzogs von Schwaben« blieb ihm versagt.
1499 wurde Ulrich von Maximilian als Landesherr anerkannt; damit sollte der 1488 gegründete Schwäbische Bund zwischen dem König, dem Herzogtum Württemberg und den württembergischen Reichsstädten nach der Loslösung der Schweiz vom Reich gestärkt und die Verbindung zu den habsburgischen Besitzungen im Artois und der Freigrafschaft Burgund verbessert werden, nachdem im Frieden von Basel die Eidgenossenschaft aus dem Verband des Reiches ausgetreten war.
1503 wurde Ulrich im Alter von 17 Jahren durch Maximilian für volljährig erklärt; er beteiligte sich an den Auseinandersetzungen im Landshuter Erbfolgestreit (1503/04) auf Seiten Maximilians und wurde dafür mit großem Landgewinn – dem Gebiet des Klosters Maulbronn und der Herrschaft Heidenheim – belohnt. Seine machtpolitische Position war so gewachsen, daß sich die Reichsstädte Weil der Stadt und Reutlingen unter seinen Schutz begaben. 1508 nahm Maximilian ohne Krönung mit Zustimmung des Papstes den Kaisertitel an.
Am 8. Februar 1511 heiratete Ulrich die ihm seit 1499 anverlobte Sabina, die Tochter des Herzogs Albrecht von Bayern, eine Nichte Maximilians. Kurz darauf, 1512, kündigte der selbstbewußte und von seinen Erfolgen geblendete Ulrich den Bündnisvertrag des Schwäbischen Bundes und schloß sich an die Gegner Maximilians, das pfälzische Haus und den Bischof von Würzburg an. Daß ihm Maximilian 1513 das Kommando über die kaiserliche Reiterei beim Feldzug gegen Franz I., König von Frankreich, zur Rückgewinnung des ihm erblich zugefallenen Burgund übertrug, wird von den Historikern als Versuch gewertet, Ulrich wieder auf die Seite Maximilians zu ziehen. Das Arrangement der eidgenössischen Fußtruppen mit dem Gegner verhinderte den Erfolg der Expedition. Frankreich verpflichtete sich zu hohen Entschädigungszahlungen an die Eidgenossenschaft, die zum Teil an den Herzog von Württemberg weitergegeben werden sollten.
Innenpolitische Auseinandersetzungen waren durch die äußeren Erfolge des finanzschwachen Herzogtums verdeckt worden. An Ostern 1514 brach im Remstal der Aufstand des »Armen Konrad« gegen die untragbaren herzoglichen Steuerlasten los. Luthers politisch verstandene vorreformatorische Schriften stärkten das Selbstbewußtsein der Landbevölkerung. Auf dem nach Tübingen einberufenen Landtag konnte sich Ulrich auf Kosten der Bauern mit der Landschaft arrangieren; der Aufstand wurde schließlich militärisch niedergeschlagen. Der mit den Landständen geschlossene Tübinger Vertrag vom 8. Juli 1514 erscheint als Ausgleich zwischen den herzoglichen Finanzierungsschwierigkeiten und der Gewährung beschränkter bürgerlicher Freiheiten.

Die Ermordung seines Stallmeisters und Freundes, Hans von Hutten, bei einer Jagd im Schönbuch im Mai 1515 mit eigener Hand und die Anstrengungen von Huttens einflußreicher Familie, diese aus niederen Motiven begangene Tat bei der Stuttgarter Landschaft vor Gericht zu bringen, veranlaßten Kaiser Maximilian zunächst zu dem Versuch, einen Regierungsrat auf sechs Jahre einzusetzen, was einer zeitweiligen Entmündigung des Herzogs gleichgekommen wäre. Sabina, Ulrichs Frau, floh nach Bayern. Ulrich wurde darauf in Acht und Aberacht des Reiches getan, die jedoch nach wenigen Tagen ausgesetzt wurde. Rasend verfolgte der besinnungslose Ulrich seine durch Folterungen zu Geständnissen getriebenen Feinde, die er der Majestätsbeleidigung anklagen und hinrichten ließ. Ambrosius Volland, sein neuer Kanzler, war das herzogliche Werkzeug der Schreckenstaten.
Hauffs romantische Sage beginnt mit den Ereignissen des Frühjahrs 1519, als sich der Schwäbische Bund gegen den Herzog rüstete, der unter dem Vorwand der Ermordung eines seiner Dienstleute auf der Achalm bei Reutlingen vor die Reichsstadt gezogen war und deren Unterwerfung verlangt hatte. Finanziert wurde dieser Angriff mit jener Zahlung Frankreichs aus dem Jahre 1513, die zur Anwerbung von schweizer Söldnern verwendet wurde. Doch die schweizer Städte beorderten alle Söldnertruppen auf Einwirken des Schwäbischen Bundes zurück. Der Herzog war ohne Truppen machtlos. Er floh außer Landes; seine beiden Kinder blieben in der Festung Hohentübingen zurück.
Am 28. Juni 1519 wurde Karl V. in Frankfurt zum Kaiser des Heiligen Römischen Reiches gewählt und damit eröffneten sich für Ulrich, im Schatten der großen Politik, neue Möglichkeiten, sein Land in Besitz zu nehmen. Mitte August 1519 rückte er von der Pfalz bis Stuttgart vor, aber die Unmöglichkeit, seine Söldner zu bezahlen, zwang ihn zum Rückzug nach Mömpelgard und auf den Hohentwiel. Das Herzogtum wurde unter die Verwaltung des Schwäbischen Bundes gestellt und bei der 1525 vorgenommenen Erbteilung der habsburgischen Brüder Ferdinand, dem Bruder Karls, zugesprochen. Ein erneuter Versuch, im März 1524 das Land mit eidgenössischen Söldnern zurückzugewinnen, scheiterte, als Franz I. von Frankreich bei Pavia 1525 den Truppen Karls V. unterlag und die schweizerischen Söldner abermals abgezogen wurden. Truchseß von Waldburg zerschlug die dem Herzog ergebenen Bauernhaufen.
Die Kontroverse zwischen dem katholischen Habsburg und der sich ausbreitenden Reformation in Württemberg führte Ulrich auf die Seite der Protestanten zu Landgraf Philipp von Hessen, der ihm seit 1527 Asyl bot. Ulrich nahm im Oktober 1529 an dem Marburger Religionsgespräch zwischen Luther und Zwingli teil; Verbindungen zu dem habsburgischen Erzfeind Franz I. stärkten seine Sache. Als 1551 Ferdinand, Erzherzog von Österreich und Herzog von

Württemberg, in Aachen zum römischen König gewählt wurde, löste sich der Schwäbische Bund aus religiösen Gegensätzen auf, und Ulrich konnte am 13. Mai 1534, unterstützt von Philipp von Hessen, finanziert mit französischen Geldern und gedeckt von den Mitgliedern des Schmalkaldischen Bundes, nach der Schlacht bei Lauffen gegen den Statthalter König Ferdinands in sein Land zurückkehren.
Ulrich mußte sein Land als österreichisches Lehen – jedoch mit Sitz und Stimme im Reich – annehmen. Die von Mißtrauen und Labilität geprägte blutige Herrschaft, die er bis zu seinem Tode in Württemberg führte, wurde von Hauff unter Verdrehung aller Tatsachen harmonisiert. Für ihn war Ulrich der Reformator Württembergs. Er gründete im ehemaligen Augustinerkloster in Tübingen das Stift zur Ausbildung der württembergischen Theologen, jene Bildungsanstalt, die Hauff zwischen 1820 und 1824 besucht hatte.

»Des rechten Königs Art«

Die vorgetäuschten eigenen Geschichtsstudien und die tendenzielle Neuinterpretation der Rolle Ulrichs in der württembergischen Geschichte legen ein Programm nahe, das Hauff mit der Darstellung verfolgte:
1805 war Württemberg auf Drängen Napoleons und unter Verletzung des Reichsrechts Königreich geworden. Napoleons Ziel war die Auflösung des deutschen Reiches und die Bildung deutscher »Pufferstaaten« als politisches Gegengewicht zu Österreich. Das Herzogtum Württemberg hatte 1803 durch den Reichsdeputationshauptschluß, mit dem die Mehrzahl der geistlichen Gebiete, die Reichsstädte und kleineren Fürstentümer und Grafschaften aufgelöst wurden, sein Gebiet um 414% vergrößert, die Bevölkerung um 857% gesteigert. Napoleon machte sich damit das Königreich Württemberg und 15 süd- und westdeutsche Fürsten als Vasallen gefügig. 1806 wurde unter seinem Protektorat der Rheinbund gegründet. Am 6. August 1806 verzichtete Kaiser Franz II. unter dem Druck Napoleons auf die Reichskrone. Das Heilige Römische Reich Deutscher Nation hörte nach fast 600jähriger Geschichte zu bestehen auf. Wilhelm Hauff war im Geiste der Befreiungskriege gegen Napoleon aufgewachsen. Als Stipendiat der von Herzog Ulrich gegründeten Bildungsanstalten des Landes hatte er sich für die nationalen und demokratischen Bewegungen, die Turnbünde und Burschenschaft, die Verfassungsfeier und die verfassunggebende Versammlung leidenschaftlich interessiert. Als Tübinger Student nahm er an den Waterloofesten zum Gedenken an die Besiegung Napoleons aktiv teil, an Körners Totenfeier und an den Veranstaltungen der aus der Burschenschaft hervorgegangenen Tübinger Museums-Gesellschaft. Ein unvollendetes Romanvorhaben galt bezeichnenderweise dem Freiheitskampf der Tiroler unter Andreas Hofer gegen Napoleon.

1824, unmittelbar nach dem Abgang vom Tübinger Stift, erschien Hauffs Sammlung von ›Kriegs- und Volks-Liedern‹. Das Titelgedicht der ersten Abteilung – ›Kriegs-Lieder‹ – verherrlicht die Rechte und Pflichten eines »vaterländischen« Fürsten. Gesungen wurde es nach der Melodie ›Was ist des Teutschen Vaterland‹:

Was ist des rechten Königs Art?
Der treu sein Land und Volk bewahrt,
Der gegen in- und äußern Feind
Es redlich mit den seinen meint; –
    Das sey's! das sey's!
    Solch' Königthum bringt Heil und Preis!

Was ist des rechten Königs Art?
Der nicht mit Söldnern sich umschaart,
Des Volkes Treu' sein Schirm und Schutz,
So beut er jedem Anfall Trutz;
    . . .

Was ist des rechten Königs Art?
Der Volkes Ehr' und Freiheit wahrt;
An Heeres Spitze zieht er aus,
und treibt Gewalt und Schmach hinaus; –
    . . .

Was ist des rechten Königs Art?
Der seiner eignen Ehre wahrt;
Sein Wort steht wie ein Felsen fest,
D'ran sich nicht dreh'n und deuteln läßt.
    . . .

Was ist des rechten Königs Art?
Das ist des rechten Vaters Art,
Er trennet nimmer Arm und Reich,
Im Herzen hält er Alle gleich. –
    . . .

O das ist unsres Königs Art!
Heil sey dem Land, das ihn bewahrt!
Er hat des Volkes Lieb' und Ruhm,
Er trägt an sich solch' Königthum,
    So ist's! so ist's!
    Solch' Königthum bringt Heil und Ruhm!

Des rechten Königs Art wird hier durch Redlichkeit, Treue, Kampfbereitschaft, Festigkeit und Gerechtigkeit charakterisiert, Kriterien, die er seinem durch die Vertreibung geläuterten Ulrich bestätigen zu müssen glaubte: ». . . als er geläutert durch Unglück als ein weiser Fürst zurückkehrte, als er die alten Rechte ehrte und die Herzen seiner Bürger für sich gewann, als er jene heiligen Lehren, die er in fernem Lande gehört, die so oft sein Trost in einem langen

Unglück geworden waren, seinem Volke predigen ließ, und einen geläuterteren Glauben mit den Grund-Gesetzen seines Reiches verband, da erkannten Georg und Marie den Finger einer gütigen Gottheit in den Schicksalen Ulerich's von Würtemberg, und sie segneten Den, der dem Auge des Sterblichen die Zukunft verhüllt, und auch hier wie immer durch Nacht zum Lichte führte.«
Des rechten Königs Art: Das waren die Hoffnungen und Erwartungen, die man dem Kronprinzen und württembergischen König Wilhelm I. entgegenbrachte, nachdem sich das Land vom napoleonischen Diktat befreit hatte. Ulrichs Schicksal, »als fremde Söldner das Land bewachten und wenig fehlte, daß Württemberg aufhörte zu sein«, wurde als historischer Parallelfall zu der napoleonischen Herrschaft begriffen.

Der reichste Fürst

Hauff befand sich mit seiner Normen setzenden Verherrlichung der württembergischen Geschichte im Einvernehmen mit den zeitgenössischen schwäbischen Autoren. Man wollte mit seiner eigenen Geschichte ins reine kommen: »Ist wo ein Volk, das, ähnlich / Den Männern jener Zeit, / Auf Ruhe hoffet sehnlich / Nach mannigfachem Streit / . . .«, fragte Gustav Schwab in einer ›Einladung‹ zu den ›Romanzen aus dem Jugendleben des Herzog Christophs von Württemberg‹. Ludwig Uhland feierte im Sommer 1815, wenige Tage nach der Niederwerfung Napoleons in der Schlacht bei Waterloo, in einem Balladen-Zyklus ›Graf Eberhard der Rauschebart‹ einen Ahnen Ulrichs, in dem die Treue der Untertanen zu ihrem Herrn eine besondere Rolle spielt: Graf Eberhard II. wird nach Uhlands Gedicht bei einem Überfall in Wildbad durch einen Hirten gerettet. Justinus Kerners 1818 entstandenes Gedicht »Preisend mit viel schönen Reden . . .«, in dem Graf Eberhard V. – »Eberhard, der mit dem Barte, / Württembergs geliebter Herr« – als der »reichste Fürst« bezeichnet wird, spielt auf dieselbe Begebenheit an, das Treueverhältnis zwischen Herrscherhaus und Untertanen.

. . .
Sprach: Mein Land hat kleine Städte,
Trägt nicht Berge silberschwer;

Doch ein Kleinod hält's verborgen: –
Daß in Wäldern, noch so groß,
Ich mein Haupt kann kühnlich legen
Jedem Untertan in Schoß.

Und es rief der Herr von Sachsen,
Der von Bayern, der vom Rhein:
Graf im Bart! Ihr seid der reichste,
Euer Land trägt Edelstein!

Hauff ließ seinen Herzog Ulrich in der Stunde der höchsten Not, nach dem Fall der Festung Hohentübingen, an diese Sage erinnern:
»›Wohl konnte man einst sagen, treu wie ein Würtemberger‹, sprach Herzog Ulerich, und eine Thräne fiel in seinen Bart. ›Als mein Ahnherr Eberhard einst hinabritt gen Worms und mit den Churfürsten, Grafen und Herren zu Tische saß, da sprachen und rühmten sie viel vom Vorzug' ihrer Länder. Der Eine rühmte seinen Wein, der Andere sprach von seiner Frucht, der Dritte gar von seinem Wild, der Vierte grub Eisen in seinen Bergen. Da kam es auch an Eberhard im Bart. ›Von Euren Schätzen weiß ich nichts aufzuweisen‹, sagte er, ›doch gehe ich Abend's durch den dunkelsten Wald, und komm' ich Nacht's durch die Berge und bin müd' und matt, so ist ein treuer Würtemberger bald zur Hand, ich grüße ihn und leg' mich in seinen Schoos und schlafe ruhig ein.‹ Deß' wunderten sich Alle und staunten und riefen: ›Graf Eberhard hat Recht,‹ und ließen treue Würtemberger leben.«
In der harmonisierenden Idealisierung des Zusammenwirkens zwischen dem Volk und seinem Monarchen – im Roman personifiziert in den Gestalten des vertriebenen Herzogs und des ergebenen Bauern, des Pfeifers von Hardt, der immerhin am Aufstand des ›Armen Konrad‹ beteiligt war – gab Hauff ein langhin wirkendes Beispiel des patriotischen Monarchismus, der sich aus den geschichtlichen Konfrontationen, der Parallelisierung von habsburgischer und napoleonischer Okkupation und der Erkundung einer eigenen, »vaterländischen« Geschichte und ihrer nationalen Bestätigung herleitete. Während der historische Roman sonst vielfach Belege aus der Vergangenheit zur Kritik an der Gegenwart heranzieht, entwarf Hauff ein Idealbild der Vergangenheit aus den politischen Erwartungen der nachnapoleonischen Gegenwart.

Die Nebelhöhle, ein schwäbischer Kyffhäuser

Unterstützt wurde Hauffs Versöhnung mit der Geschichte durch die geniale Einbeziehung des Nebelhöhlenmotivs. Schützende Burg und unterirdisches »Palatium« lagen hier wie nirgends sonst beieinander. Zwischen beiden Reichen vermittelte der Repräsentant des württembergischen Volks, der Pfeifer von Hardt, der hier »Majordomus, Truchseß und Kanzler« war.
Während sich für den Aufenthalt des historischen Ulrich auf dem Lichtenstein immerhin ältere historische Quellen anführen ließen – Hauff zitiert Martin Crusius –, zog er für die Nebelhöhlenepisode abermals ein Gedicht von Gustav Schwab heran, die 1815 entstandene Sage von der schwäbischen Alb ›Der Hohlenstein‹, der bei Hardt gelegen von Hauff als Herkunftsort des romanhaften Pfeifers von Hardt Verwendung findet:

Hoch droben bei dem Dörflein Hart
Man noch ein Felsenloch gewahrt,
Es ist im tiefen Wald gelegen
Ab von den Feldern und den Wegen,
Es trennt der Stein sich in zwei Falten,
Als hätt' ihn Sturm und Blitz gespalten,
Er scheint für Fuchs und Eul' allein
Ein trüb unheimlich Haus zu sein.
Doch ist es bald dreihundert Jahr,
Da ward zum Fürstenschloß er gar;
Da stand in ihm, das Haupt gebückt,
Den Rücken an die Wand gedrückt,
Die Arme knapp in's Kreuz geschlagen,
Schon seit zwei Nächten und zwei Tagen
Ulrich, der Herr vom ganzen Land,
Hatt' nichts als diese Felsenwand.
Die Bündler hatten ihn vertrieben
...

Die Nebelhöhle war am Beginn des 19. Jahrhunderts durch mehrere Besuche des Kurfürsten und nachmaligen Königs Friedrich I. von Württemberg zu einer touristischen Attraktion geworden. Aus den gelegentlichen Besuchen entwikkelte sich der Brauch, »daß die Bewohner dieses Landes auch aus entfernteren Gegenden, um die Zeit des Pfingst-Festes sich aufmachen, um Lichtenstein und die Höhle zu besuchen«, wie Hauff auf den letzten Seiten seines Buches berichtet. »Sie steigen nieder in den Schooß der Erde, der an seinen crystallenen Wänden den Schein der Lichter tausendfach wiedergiebt, sie füllen die Höhle mit Gesang, und lauschen auf ihr Echo, welches die murmelnden Bäche der Tiefe melodisch begleiten, sie bewundern die Werke der Natur, die sich auch ohne das milde Licht der Sonne, ohne das fröhliche Grün der Felder, so herrlich zeigt. Dann steigen sie herauf zum Lichte, und die Erde will ihnen noch schöner bedünken als zuvor; ihr Weg führt immer aufwärts zu den Höhen von Lichtenstein.« Die romantische Sage von Nebelhöhle und Lichtenstein bediente sich einer damals ganz jungen Tradition, die in Hauffs Geschichtsbuch ihre nachgelieferte Bestätigung fand.

Eine zeitgenössische Kritik

Wolfgang Menzel, ›Romane‹, in: ›Literatur-Blatt‹, Nr 82, Beilage zum ›Morgenblatt‹ vom 13. Oktober 1826:
»Auch Wilhelm Hauf, der bekannte neue Novellist aus Schwaben, hat in seinem Roman Lichtenstein, eine romantische Sage aus der Würtembergischen Geschichte, in drey Theilen, Stuttgart bey Franckh, 1826 der Manier Walter Scotts gehuldigt. Dieser junge Mann gibt das Beyspiel einer literarischen Seelenwan-

derung. In seinen Memoiren des Satan schreibt er als Teufel selber, im Mann im Mond als H. Clauren, und jezt als ein kleiner würtembergischer Walter Scott, wahrlich sehr heterogene Dinge, und das alles innerhalb eines Jahres. Was treibt ihn dazu? der Humor, die Keckheit eines universellen Talentes, die Laune des Genies, der jugendliche Uebermuth, das Publikum zu mystificiren, oder etwa ein Wunsch, der einem jungen Dichter leicht zu verzeihen ist, der Wunsch, so bald und so stark als möglich Aufsehen zu erregen? Es mag von beydem etwas mit im Spiele seyn. In der That kann wohl nur ein ächt humoristischer Kopf auf diesen kühnen Wechsel verfallen, aber bey dieser Auswahl der Manieren des beliebten Clauren, des beliebten Walter Scott, bey dieser sclavischen Copie selbst aller Erbärmlichkeiten und Langweiligkeiten der Originale liegt doch auch die Absicht, selbst durch die gleichen Mittel und unter dem fremden Namen, gleichsam an seinem Rockschooß hängend, zur Gesellschaft ein wenig mit beliebt und berühmt zu werden, nur allzudeutlich am Tage. Man sieht, der Dichter hat beydes gewollt, die Spötter befriedigen, indem er seine Copien als Persiflagen gelten lassen will, und die Gläubigen, indem er ihnen einen ächten Clauren und Walter Scott aufzudringen versteht. Das ist sein ganzes Geheimniß, und sein Mann im Monde hat bewiesen, wie geschickt die doppelte Mystification angelegt war, denn die Liebhaber Claurens haben ihn wie einen ächten Claurenschen Roman verschlungen und ganz deliciös gefunden, die Feinde dieser frivolen und faden Manier aber haben den Mondmann als Satyre genommen.
Der Roman Lichtenstein ist ernsthaft, was die früheren Werke des Herrn Hauf niemals waren; aber der Ernst steht ihm auch in der That nicht so gut, als Scherz, Ironie, Persiflage, und weil er dieß zu wissen scheint, hat er mit leichten Zügen kleine Spöttereyen genug auch in diesem Roman angebracht, auch wo sie nicht ganz hinpassen. Besonders hat er den Liebesscenen, zu deren sentimentalen Behandlung es ihm, auch wo die Geschichte sie verlangt, gänzlich an innerem Ernst fehlte, eine feine Würze von leichter Persiflage gegeben, die oft stört und alle herzliche Theilnahme in uns erstickt. Davon abgesehen, macht er dem Walter Scott alle Ehre. Der Roman schildert die alte böse Zeit Würtembergs unter dem bekannten Herzog Ulrich, der aus seinem Lande getrieben wurde. Das Costume der Zeit und des Orts ist antik, und der Dichter hat besonders in der Schilderung einzelner Figuren und Situationen ein höchst glückliches Talent offenbart, wenn er auch nicht im Stande gewesen ist, im Ganzen den ernsten und alterthümlichen Ton zu halten. Die Hauptperson des Romans ist nicht der Herzog, sondern ein ritterlicher Jüngling, Georg von Sturmfeder, der von der Parthey der Kaiserlichen aus Liebe zu Marie von Lichtenstein, deren Vater zum Herzog hält, zu diesem übertritt, seine Verbannung theilt, und nach manchen Kämpfen und Drangsalen in den Besitz der Geliebten kommt. Er ist im Grunde ein gewöhnlicher hübscher und tapferer Romanheld und seine Geliebte hat auch

nicht viel Originelles. Der Herzog ist völlig verzeichnet, und der Verfasser hat kaum einen einzigen der malerischen Züge benuzt, die ihm die Geschichte selbst für dieses Bild dargeboten. Aus einem wilden kecken Jäger und Helden ist ein ziemlich sentimentaler guter Fürst geworden, und was die Geschichte Grausames von ihm erzählt, ist einer karrikirten Nebenperson, einem tückischen Kanzler, aufgebürdet. Hätte doch Herr Hauf Brambletye-House von Horaz Smith gelesen und sich an den Schilderungen der Höfe Cromwells und Karls II ein Beyspiel genommen. Am besten sind dem Verfasser einige komische reichsbürgerliche Figuren und das Bild eines treuen, kecken und verschmizten schwäbischen Bauern, des Pfeiffers von Hardt, gelungen, welcher dem Herzog in seiner Verbannung als Unterhändler und Beschützer dient. Dieß ist eine feste plastische Gestalt, wahr und warm geschildert und ächt nationell. – Im Styl ist der Roman übrigens, wie alle Werke des Herrn Hauf, vorzüglich zu nennen. Alles Harte ist schlechterdings daraus verbannt, und man ergeht sich wie auf weichem Rasen von Blatt zu Blatt. Dieser weiche Wiesengrund ist nicht einmal von Blumen, Metaphern, Antithesen und dergleichen unterbrochen, sondern kurzgemäht, glatt und breit, wie es die Manier Walter Scotts verlangt. Dieser ist sogar in den Motto's nachgeahmt, die jedem Capitel vorangehn und die Aufmerksamkeit auf das lokale Interesse des Romans lenken, indem sie nur Verse aus würtembergischen Dichtern enthalten.«

38/39 Georg von Sturmfeder und der Pfeifer von Hardt aus dem Schreiber'schen Papiertheater.

Der Lichtenstein wird gebaut

Genau zehn Jahre nach dem Tod von Wilhelm Hauff, am 23. Dezember 1837, ist in den Akten des Kameralamts Reutlingen zum ersten Mal von dem Interesse des Grafen Wilhelm die Rede, die dem Hause Württemberg gehörenden Staatsgüter zu Lichtenstein, das Schlößchen samt Zubehör und die nächste Umgebung zu erwerben. Auf dem Felsen stand seit dem Abbruch einer älteren burgartigen Anlage ein 1802 erbautes Forsthaus, das der königliche Revierförster Schöttle bewohnte. Bereits am 2. Januar 1838 legte Baurath Roth vom BauInspectorat Reutlingen eine Taxierung des Werts der Baulichkeiten vor; sie enthält eine genaue Beschreibung des »Schlößchens« aus der Zeit von Wilhelm Hauff:

»Das Schlößchen zu Lichtenstein wurde im Jahre 1802. nach einem von dem damaligen Landbaumeister Kümmerer entworfenen Plane auf den Grundmauern des alten Schloßes 1. Stock hoch von Holz aufgeführt und im Dachwerke mit einem Zwerchhause versehen. Es ist in seinen Haupttheilen von guter baulicher Beschaffenheit, da es erst 34. Jahre steht, und man es an solchen Reparationen nicht hat fehlen laßen, welche die Erhaltung deßselben zum Zwecke hatten.

Auch die Beschaffenheit des – mit dem Schlößchen zu gleicher Zeit, neu erbauten Wagenschopfes [= Wagenremise], worunter ein gewölbter Keller sich befindet, ist in der Hauptsache gut, und an dem Schwein- und Geflügel-Stall, welcher im Jahre 1829. gut hergestellt wurde, fehlt nichts Wesentliches. Dem Waschhause, welches alt ist und Mauern hat, in welchen Riße und Sprünge sich befinden, steht jedoch eine Hauptreparation bevor, und an der vormaligen Schäferei-Scheuer, welche von mittelmäßiger baulicher Beschaffenheit ist, und erst im Jahre 1837. dem Revierförster zur Benützung eingeräumt wurde, sind im lezten Sommer mehrere Verbesserungen vorgenommen worden, ohne welche die Scheune nicht hätte benützt werden können.

Endlich steht der 40 ′ tiefe gut beschaffene Schöpfbrunnen in einer Hütte, welche baufällig ist . . .«

Der Wert des Besitzes wurde auf 4500 Gulden taxiert. König Wilhelm I. erteilte der Königlichen Finanzkammer am 23. März seine Zustimmung zum Verkauf. In einem Entwurf für den Kaufvertrag wurden 5000 Gulden für die Bauwerke und 3428 Gulden für die damit verbundenen Ländereien veranschlagt. Der am 25. August 1838 ausgefertigte Kaufvertrag hält fest, daß der »Herr Käufer auch künftig mit Bereitwilligkeit anständigen Besuchern den Zugang gestatten wird«. Mit dieser Vertragsklausel waren die Voraussetzungen geschaffen, die bestehende touristische Attraktion systematisch auszubauen.

Wilhelm, Graf von Württemberg (1810–1869), ein Neffe des Königs Friedrich I. und der Bruder des »dichtenden Grafen« Alexander von Württemberg (1801–1844), war von Hause aus Offizier. 1828 wurde er zum Hauptmann der reitenden Artillerie ernannt, 1835 avancierte er zum Major, 1837 zum Oberst und Kommandanten der Artillerie. 1841 stand er als Generalmajor bei einer Infanteriebrigade, mit der er 1848 gegen Schleswig-Holstein ausrückte; im gleichen Jahr befehligte er die württembergischen Truppen bei der »Beobachtung der Freischaren im badischen Oberland«. 1855 wurde er Generallieutenant, 1857 General der Infanterie und Gouverneur von Ulm. Gleichzeitig wurde er mit dem Titel »Herzog von Urach« unter Beibehaltung der Grafenwürde ausgezeichnet.

Graf Wilhelm tat sich bei seiner Lieblingswaffe, der Artillerie, als Erfinder hervor: Er verbesserte die Aufhängung der Lafette. Bei dem bald geplanten und begonnenen Neubau des Schlosses Lichtenstein korrigierte er die Entwürfe des Architekten; die Vorwerke ließ er 1857 nach eigenen Zeichnungen ausführen. Aber auch als Schriftsteller hat er sich betätigt: So legte er seine politischen Ansichten in mehreren Flugschriften nieder. 1846 und 1858 gab er ›Aufklärende Worte über Wetterprophezeiung‹ und ›Betrachtungen über das Wetter und seine Propheten‹ heraus. Er war Mitgründer und Förderer des Württembergischen Altertumsvereins (1843), des Vereins für Vaterländische Naturkunde (1844) und des Deutschen Geschichts- und Altertumsvereins, dem er zeitweilig als Präsident vorstand. 1845 verlieh ihm die Universität Tübingen die Würde des Ehrendoktors der Philosophischen Fakultät. Er veröffentlichte einen

40 Schloß Lichtenstein (vor 1801). Verkleinert. (Städtisches Museum Ludwigsburg).

41 Forsthaus Lichtenstein (1802–1838). Zeichnung von Unbekannt. Verkleinert (Städtisches Museum Ludwigsburg).

›Wegweiser durch sämtliche Malerschulen und Gemäldesammlungen‹ (o. J.), schrieb einen Katalog der in Württemberg vorkommenden Gesteinsarten – ›Geognostisches und Petrefacten-Cabinet‹ (1846) – und beschäftigte sich mit den »Germanischen Überresten aus der sogenannten Merowingischen Zeit«, die er in einem Tafelwerk verzeichnete.
Der Freund von Ludwig Uhland und der Duzfreund Justinus Kerners war, wie jener schrieb, »in die Geschichten eingeweiht«, als er sich 1838 auf dem Lichtenstein einkaufte, um »auf der Stelle der längst verfallenen Burg Lichtenstein (berühmt durch Wilhelm Hauff's gleichnamigen Roman)« seinen Kunstsinn mit dem Neubau eines Schlosses unter Beweis zu stellen, wie sein Biograph Friedrich Wintterlin festhält. »Dorthin rettete er auch eine beträchtliche Anzahl von Bildwerken des in herrlichem Renaissancestil erbauten Stuttgarter Lusthauses, das im J. 1844 abgerissen wurde, um dem jetzigen königlichen Hoftheater Platz zu machen.«

Am 5. März 1839 wurden in den ›Reutlinger allgemeinen Anzeigen‹, Nr 19, die Abbrucharbeiten ausgeschrieben. Am 13. Juli 1839 war das alte Forsthaus abgetragen. Schon am 11. Oktober meldete die ›Allgemeine Zeitung‹, Nr 285, aus Reutlingen Einzelheiten über den Fortgang der Arbeiten:

»Während unsere Stadt gewerblich sich täglich mehr hebt und sich zusehends vergrößert und enthäßlicht, erfreuen wir uns, in unserer Nähe den Ausbau Lichtensteins seiner Vollendung entgegen gehen zu sehen. Se. Erl. der Graf Wilhelm von Würtemberg hat mit Schonung und Benützung des Bestehenden den Grundsatz durchgeführt, daß, so wenig als dieses im deutschen Mittelalter der Fall war, bei wiederhergestellten Burgen der Grundsatz der Symetrie angewendet werden dürfe. Daher nimmt sich das Schlößchen auf seinem Felsenkegel von allen Seiten, besonders aber von der Landstraße nach Riedlingen, höchst malerisch und eigenthümlich aus, wie eine erhaltene, nicht aber wie eine neugebaute Burg. Der Thurm an der Westseite wird nach allen Seiten die ausgedehntesten Fernsichten bieten, und mit unbewaffneten Augen schon bei Degerloch sichtbar seyn. Eine schöne Sammlung altdeutscher Oel- und Glasgemälde, alter Waffen und Geräthe wird ohne Ueberladung angebracht, und auch den in der Nähe aufgefundenen römischen Alterthümern eine zweckmäßige Aufstellung werden. Die innere Einrichtung der Zimmer und der sinnreich angebrachten Capelle, deren Altar vom Saal aus sichtbar gemacht werden kann, sind dem künftigen Jahr vorbehalten. Die bekannte Humanität des geistvollen Besitzers wird die Besichtigung des Schlosses unter Begleitung des Försters den Besuchern gestatten. Ein naher Fels trägt bereits das einfache Denkmal des frühe verstorbenen Dichters W. Hauff, welcher durch seinen Roman ›Lichtenstein‹ die Aufmerksamkeit des Publicums auf diesen in vieler Beziehung merkwürdigen Punkt aufgefrischt hat.«

Als Architekt des von Anfang an als Denkmal der württembergischen Geschichte geplanten musealen Bauwerks gewann Graf Wilhelm den Maler, Bildhauer, Architekten und Kunstschriftsteller Carl Alexander Heideloff (1789–1865), einen Schüler von Thouret, Dannecker und Scheffauer, der nach seinen 1816 entstandenen Rekonstruktionszeichnungen der Veste Coburg seit 1838 deren Wiederherstellung durchführte. Seit 1822 begründete er als »Königl. Bayer. Conservator mittelalterlicher Baudenkmale zu Nürnberg« seinen eigenen »gotischen« Stil, wobei er der Stilreinheit bei der Restaurierung der Nürnberger Kirchen, des Dürerhauses und zahlreicher Privathäuser bedenkenlos spätere Zugaben opferte. »In keinem Kunstwerk, das wir aus unserer Vorzeit ererbt haben, ist des Deutschen Geist, Gemüth und religiöse Poesie so scharf bezeichnet ausgesprochen, als in den Bauwerken des Mittelalters«, schrieb Heide-

42 Graf Wilhelm von Württemberg, ›Lichtensteiner Glockentöne‹. Gedicht für Justinus Kerner. Verkleinert. Auch Kerner und Schwab haben den Lichtenstein besungen.

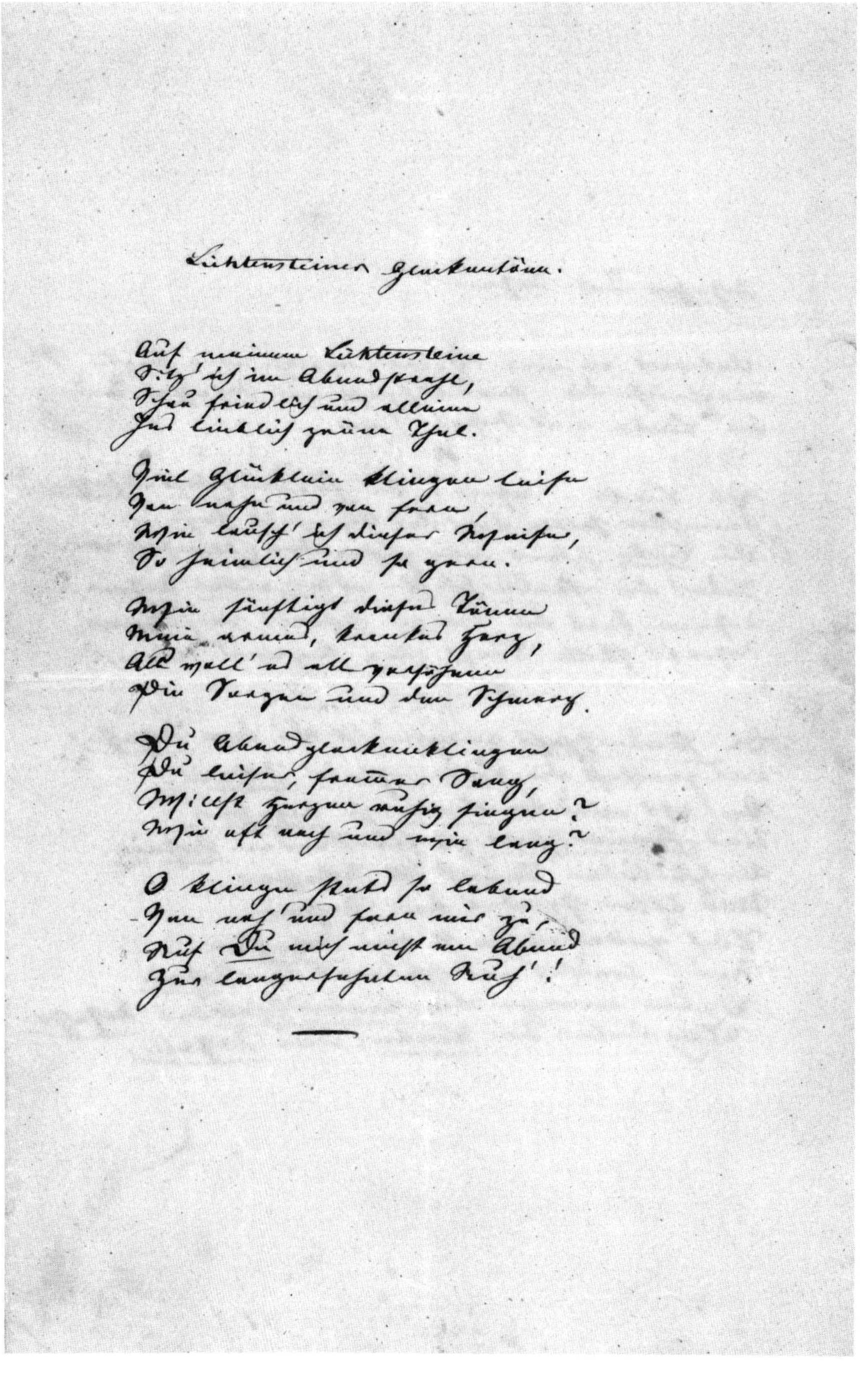

Lichtensteiner Glockentöne.

Auf meinem Lichtensteine
Sitz' ich im Abendstrahl,
Schau freundlich und alleine
Ins lieblich grüne Thal.

Viel Glöcklein klingen leise
Von nahe und von fern,
Wie lausch' ich dieser Weisen,
So heimlich und so gern.

Wie flüchtigt diesen Tönen
Mein armes, krankes Herz,
Als wollt' es all vergessen
Die Sorgen und den Schmerz.

Du Abendglockenklingen
Du leiser, ferner Sang,
Willst Herzen ruhig singen?
Wie oft noch und wie lang?

O klinget stets so labend
Von nah und fern mir zu!
Ruf' Du mich einst am Abend
Zur langersehnten Ruh'!

loff in der ›Einleitung‹ zu dem vom »vaterländischen Bau- und Gewerk-Verein zu Nürnberg« herausgegebenen Heften unter dem Titel ›Bau-Entwürfe im byzantinischen und altdeutschen Styl‹ (Nürnberg 1850). »Der deutsche Baustyl, obgleich er seit fast drei Jahrhunderten fremdartigen Baustylen weichen mußte, [ist] für unser Clima und unsere Verhältnisse der zweckmäßigste und zugleich geschmackvollste. . .«
Ein Berichterstatter der ›Neuen Illustrirten Zeitschrift‹, der im Juni 1851 den Lichtenstein besuchte, geriet über das Ergebnis förmlich ins Schwärmen:
»Um diese Zeit [1838] erwarb Graf Wilhelm von Württemberg, ein für alles Schöne und Große mit aller Macht einer jugendfrischen Phantasie erglühender Prinz unseres Regentenhauses, das Schloß sammt dem dazu gehörigen Forstgut von dem Staate durch Kauf, um an derselben Stelle eine Ritterburg in mittelalterlichem Style zu erbauen. Das hölzerne Försterhaus wurde abgebrochen und auf den dicken festen Grundmauern des alten Schlosses erhob sich nun in den Jahren 1840 und 1841 die Burg Lichtenstein in ihrem gegenwärtigen Zustande . . . Diesselbe ist nach Entwürfen des Prof. Heideloff in Nürnberg von Bauinspektor Rupp in Reutlingen ausgeführt worden, doch wurden die ursprünglichen Pläne durch den Grafen selbst auf eine ebenso zweckmäßige, als dem Geist der Zeit und der Schönheit entsprechendere Weise bedeutend verändert und umgearbeitet . . .«
Das Denkmal von Wilhelm Hauff, die ideale Burg und das »geheimnisvolle Dunkel« eines in der Nähe liegenden eichenumstandenen kleinen Sees verführten den Reiseberichterstatter der ›Neuen Illustrirten Zeitschrift‹ zu Spekulationen über eine keltische Anlage, »in welchen die Druiden ihren Gottesdienst zu halten pflegten«, denn eine römische Anlage mußte wegen der »größeren Vergangenheit« ausscheiden. »Wahrscheinlich haben die in der Regel in dem eroberten Land schonungslos gegen die ›Barbaren‹ verfahrenden Römer diese heilige Stätte der alten Kelten zerstört, sich hier in der Gegend festgesetzt und auf der ›Feuerhöhe‹ des Lichtensteins einen Hochwachtposten errichtet, den sie so lange inne hatten, bis auch ihn hinwiederum die siegreichen Allemannen . . . zerstörten.« Die »jetzige Ritterburg, die wie ein Phönix aus der Asche aus den Ruinen der alten Burg emporsteigt, an's helle Licht der jüngsten Vergangenheit«, wurde als die vergegenwärtigte Geschichte begriffen, der Aufenthalt des Herzog Ulrich im Jahre 1519 als Faktum hingenommen.
Kaum eine Generation später wurde in Süddeutschland ein weiteres Bauwerk errichtet, das sich eine romantisch-literarische Vorlage zum Vorbild nahm: 1869–1886 ließ Ludwig II. für den »angebeteten Gast«, den »göttlichen Freund« Richard Wagner einen »würdigen Tempel« erbauen: Neuschwanstein wurde »mit Reminiszensen aus Tannhäuser. . . und Lohengrin« nach Plänen des Theatermalers Ch. Jank gebaut.

». . . weil sonst die Photographen wieder kein schönes vollendetes Bild erhalten. . .«
Aus den Briefen des Grafen Wilhelm an seinen Baumeister

1840/41 war die Burg, der Fremdenbau und der Ritterbau mit Marstall, Remise und »Ritterküche« fertig geworden. Im Frühjahr 1857 ließ Graf Wilhelm, unterstützt von Bauinspektor Rupp, durch Baumeister Johann Gottlieb Strohbach aus Honau die Außenwerke aufführen, wobei er seine architektonischen Vorstellungen durch Entwürfe und Zeichnungen deutlich zu machen suchte. Die Zeit drängte, denn mit dem Frühjahr erwartete der Graf die Fotografen, derentwegen man sogar das Risiko auf sich nahm, daß der »Nachtfrost nachtheilig auf das Frischgemauerte einwirken« könne. Sträucher wurden angeliefert, um die Kulisse zu verbessern. Der Kalkbewurf der Mauern mußte gefärbt werden, um »ein malerisches warmes, alterthümliches Ansehen« zu erhalten. Ein unbenutzbares Erkertürmchen sollte das »allzuregelmässige und langweilige« Aussehen der Außenanlagen verschönern. »Es ist wie gesagt eine bloße Papperei«, schrieb der Bauherr, »die aber dem Ganzen viel mehr Zeichnung giebt.«
Die bisher unveröffentlichten Briefe aus dem Besitz von Kuno Ziegler, die hier in Auswahl wiedergegeben werden, sind zunächst von Brigade-Stabsführer Bohnenberger geschrieben – z. T. mit Korrekturen und Zeichnungen des Grafen – später von ihm selbst.

Bohnenberger an Strohbach

Stuttgart, den 16. Merz 1857.

Euer Wohlgeboren
soll ich im Auftrage Sr. Erlaucht den besonderen Dank und die Zufriedenheit ausdrücken über den ausführlichen Bericht vom 14. d. M. – Sollten Sie es für passend erachten, das Brückenthor bei Thurm II abbrechen zu lassen, so sind Sie hiezu bevollmächtigt und könnte *sogleich* damit begonnen werden. – Das Abbruchsmaterial der obern Krönung dieses Thores (Rauh-steine) könnte zum Uebermauern der zwei Thürbögen der innern Seite von Thurm II verwendet werden.
Auch glauben Seine Erlaucht, daß es wohlfeiler wäre, wenn das *obere* Stockwerk dieser innern Seite des Thurmes II nicht mit Backsteinen gemauert, sondern *leicht* verriegelt u. dann von Aussen beworfen würde. Die obere Zinnenkrönung könnte dann doch aus Backsteinen daraufgesezt werden. Auf der oberen Balkon-Riegelwand würden nemlich zuerst die etwas vorstehenden Tuffgesimssteine u. auf diese die Backsteine gesezt werden.

Die Fenstereintheilung würde, sowohl der Zahl als auch der Form und dem Maaße nach, *ganz dieselbe* bleiben, wie sie Seine Erlaucht in der Zeichnung dieser Thurmseite eingetragen hat.
Eine *ganz leichte* Verriegelung kann hier umso eher angebracht werden, als *diese* Seite des Thurmes gegen Nordosten – mithin *nicht* gegen die Wetterseite gerichtet ist. Auch könnten, aus eben diesem Grunde, und weil diese Seite denn beworfen u. verpuzt würde, einzelne der Holzschnitzereien (Gesimse) wovon dermalen mehrere Bretterstraifen in der Remise aufbewahrt sind, angebracht werden, wie auch einzelne Ornamente oder Medaillons von Gyps. So z. B. unter dem Tuffsteingesimse der schönste dieser Streifen, der am meisten und tiefsten ausgearbeitet ist und (wenn Seine Erlaucht sich richtig entsinnen) in der Ecke *links* vom Eingang in die Remise steht. – Derselbe würde später steinfarbig (oder mit hydraul. Mörtel) angestrichen.
. . .

Das jezt eingetretene, laue Wetter sollte zu den im Rückstand befindlichen Arbeiten möglichst benüzt werden.
Wenn der Thermometer früh Morgens oder Abends nicht unter Null steht, könnte *gemauert* werden.
Seine Erlaucht lassen Sie dringend ersuchen, die Arbeiten möglichst zu betreiben, um die Arbeiter bald los zu werden.

Brig. Stbfr. Bohnenberger

Bohnenberger an Strohbach

Stuttgart, den 21. Merz 1857.

Euer Wohlgeboren
soll ich im Namen Seiner Erlaucht vielmals danken für die eingesandte genaue Zeichnung der Wege und beabsichtigten Waldkulturen, welche anschließend wieder zurückfolgt [nicht erhalten]. Was zuvörderst Ihre Bemerkungen über das Thor bei Thurm II anbelangt, so scheinen Sie das bezügliche Schreiben Sr. Erlaucht vom 12. Merz nebst flüchtiger Zeichnung nicht klar aufgefaßt zu haben, weßhalb hier einige Erläuterungen folgen.
Der bisherige offene Durchgangsraum c e d f dieses Thores durch die Mauer (Grundriß) A B sollte durchaus nicht mit einer ebenso dicken Mauer, wie die Mauer A B ist, verschlossen werden, sondern nur durch ein leichtes, höchstens 8″ – 1′ dickes Mäuerchen c n o d, welches dann ein Thürchen p. g. erhalten hätte. Aber nach reiferer Erwägung braucht *dieser* Raum vorerst *gar nicht* zugemauert zu werden, sondern nur das Mäuerchen g h, welches jetzt von l bis m auf ist, soll bis auf die frei zu lassende Thürbreite i k geschlossen werden. Dieß we-

nige Mauerwerk wird keinenfalls das ganze Abbruchsmaterial des Thors in Anspruch nehmen, sondern hievon noch übrig bleiben für Thurm II. Der Hauptzweck ist ja: das auffallende unnöthige Thor zu entfernen. Was nun den Verschluß l i u. k m (Grundriß) anbelangt, so darf der Sockel (Schwelle) der Thüre nicht bei x (Aufriß) beginnen, sondern es muß von x bis y wenigstens noch 2–2½ Fuß hinaufgemauert werden, bis zur Schwelle t u der Thüre. – Die Höhe dieser Thüre y r muß 6½–7′, die Breite t u 2½ Fuß betragen. Diese Thüre wird oben durch ein einfaches halbkreisförmiges Backsteinbögchen eingewölbt. Ueber dem obersten Punkte r des Thürbögchens muß längs des Mäuerchens e g, g h u. h f. (Grundriß) noch soviel aufgesezt werden, daß die Eindeckung derselben bündig mit der Eindeckung w. s (Aufriß) der stehenden Mauer läuft. Nach anstehendem Aufriß würde dieses Aufsezen z # s ungefähr 3–3½′ betragen.
Da Euer Wohlgeboren berichten, daß in Honau eine Fabrick gebaut u. dort viele Arbeiter verwendet werden, so erwarten Seine Erlaucht um so zuversichtlicher und auf das *Bestimmteste,* daß in allerkürzester Frist mit den zu Lichtenstein noch im Rückstand gebliebenen *MauerArbeiten* begonnen u. ohne Unterbrechung fortgearbeitet werde; damit nicht abermals eine Sr. Erlaucht sehr unangenehme Verzögerung eintrete.
Sollte auch jezuweilen ein Nachtfrost nachtheilig auf das Frischgemauerte einwirken, so trifft lediglich Seine Erlaucht, welche es befohlen haben, hievon die Verantwortung.
. . .
Euer p sollen sich daher ungesäumt nach einigen Maurern umsehen, denn die Zeit, zu welcher die Photographen in Lichtenstein eintreffen werden, rückt immer näher heran und Seine Erlaucht wollen unter *keinen Umständen* die Arbeiten länger verzögern lassen, und zw. umso weniger als (wie Sie schreiben) es jetzt schon schwierig ist, Maurer zu bekommen u. es daher mit jedem späteren Tage noch viel schwieriger werden würde.
. . .

Bohnenberger an Strohbach

Stuttgart, den 22. März 1857.

Euer Wohlgeboren
soll ich im Auftrage Sr. Erlaucht benachrichtigen, daß binnen Kurzem in Lichtenstein einige Sträucher anlangen werden, über deren Setzen an die entsprechenden Orte Seine Erlaucht noch weiter verfügen werden.
Auch wünschen Seine Erlaucht, daß die Anpflanzung des Epheus an kahle Mauerstellen und an einzelne Bäume, selbst an die stärkeren, neu versezten, nicht vergessen werde.

43 *Herzog Ulrich aus dem Schreiber'schen Papiertheater.*

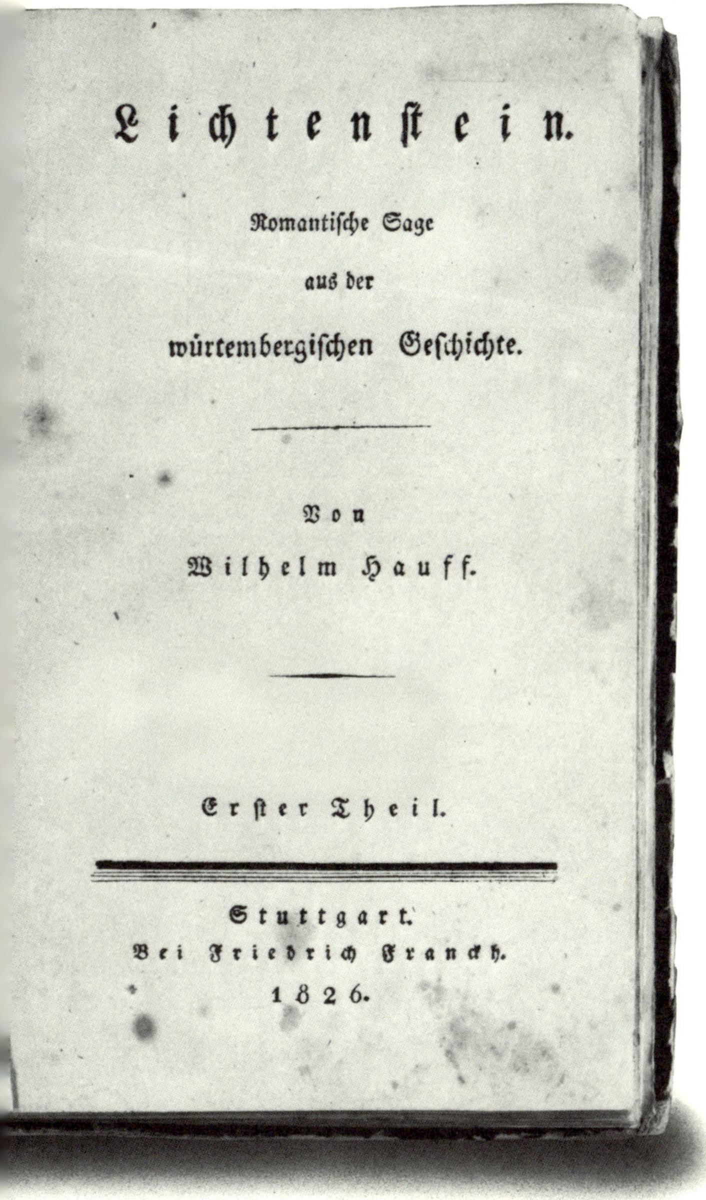

Lichtenstein.

Romantische Sage

aus der

würtembergischen Geschichte.

Von

Wilhelm Hauff.

Erster Theil.

Stuttgart.

Bei Friedrich Franckh.

1826.

44 *Titelseiten der Erstausgabe.*

45 *Schloß Lichtenstein. Schreiber'sches Papiertheater.*

. . .
Um die Arbeiten noch mehr zu beschleunigen, sollen *gleichzeitig* auch 3 Maurer an Thurm III gehen, um die im Rückstande gebliebenen Seiten möglichst rasch zu beendigen; weil sonst die Photographen wieder kein schönes vollendetes Bild erhalten würden.
Seine Erlaucht glauben, daß mit 8 Maurern u. ebenso vielen Handlangern p in kurzer Zeit viel zu Stande gebracht werden kann, u. wollen, in Anbetracht der *unbedingten Nothwendigkeit* einer *rascheren* Förderung, den Maurern gerne eine beträchtliche Zulage, wie Euer p es für entsprechend u. förderlich erachten, hiemit verwilligt haben.
. . .

Bohnenberger an Strohbach

Stuttgart, den 29. März 1857.

Euer Wohlgeboren!
Eben erhalten Seine Erlaucht Ihr Schreiben vom 27ten, wofür ich vielmals danken soll. Ihre Anfragen werden andurch der Reihe nach beantwortet.
Bei Thurm II müssen die sogenannten Fensteröffnungen (sowohl über den Scharten als *auch die anderen,* die nicht über Scharten sind) enger werden – höchstens 1 Fuß breit – besser noch nur 8–9 Zoll –; (so, wie in der nun Ihnen eingesandten Zeichnung, wären es keine Fenster und keine Scharten.)
Die Attica darf – nach Ihrem Antrage – 2½ Fuß hoch werden; – 2¾ wäre Seiner Erlaucht lieber. – Bei dieser geringeren Höhe aber müssen dann die obersten Krönungsscharten-Einschnitte kürzer und nur 3–4 Zoll breit werden. (1 Fuß lang u. 3 Zoll breit wird das beste Verhältniß seyn.) In Ihrer Aufrißzeichnung von Thurm II haben Sie auf die Flanke gegen die Caponière 8 solche Krönungsscharten eingezeichnet. Sechs reichen aber hin. – Auf der Seite gegen den Schloßhof *darf* die ältere 5 Fuß 6 Zoll hohe Mauer um *Absatzbreite* (5 Zoll) *vorstehen.* Die *Attica dieser Seite* lassen Sie so breit mauern, als es nöthig ist – nach Gutdünken. In anstehender Zeichnung von Thurm II sind alle Dimensionen genau eingetragen – hienach kann gearbeitet werden. Es versteht sich von selbst, daß auf der Seite gegen den Schloßhof die obersten Krönungsscharten auch die Maaße der anderen Seiten erhalten; nur müssen sie hier näher aneinander kommen, drei rechts, drei links von der mittleren Giebelzinne.
Was die Genkinger Maurer anbelangt, so dürfen Sie ihnen 1 fl. geben, wenn sie bleiben u. tüchtig arbeiten wollen.
Die Hauptsache ist jezt ununterbrochen und mit allem Eifer fortzuarbeiten.
Die Berme darf an der Capitale breiter bleiben.

Später kann dieses Material *vielleicht* bei der Fleche verwendet werden, aber das Ganze des Caponière-Waffenplatzes muß ohne Rücksicht hierauf jedenfalls jezt schon ein durchaus vollendetes, wohlgefälliges Ansehen erhalten.

Stbfr. Bohnenberger

Bohnenberger an Strohbach

Stuttgart, den 11. April 1857.

Euer Wohlgeboren
erhalten nachträglich anliegend diejenige Zeichnung von Thurm II, welche Seine Erlaucht im lezten Schreiben vom 29. v. M. erwähnten, aber vergessen haben, dem Schreiben beizulegen [nicht erhalten]. – Doch war die Beschreibung allein so deutlich, daß Seine Erlaucht annahmen, Euer p werden auch ohne Zeichnung das Erforderliche haben ausführen lassen können. In Bezug auf das Innere dieses Thurmes II haben Seine Erlaucht dem Herrn Bauinspector Rupp geschrieben, daß im untern Stocke die Decke spitzbogenförmig eingewölbt (verschaalt u. dann veripst) werde. Diese Einwölbung soll ganz wie im Gange der oberen Etage des Schlosses ausgeführt werden. (in der Art wie bei Thurm I aber mit Rippen p.p.)
Die obere Etage des Thurmes II wird auch so eingewölbt (verschaalt) aber dann holzfarbig behandelt werden; in dieser Etage werden Seine Erlaucht dann die geschnizten Bretterstreifen, die dermalen in der Remise sind, anbringen.
An der Brücke des Hauptthores sollte nunmehr ungesäumt mit dem Ummauern der Brückenpfosten begonnen werden u. zw. ganz nach den *Ihnen* von Sr. Erlaucht ertheilten Instructionen, deßgleichen Verriegelung der Tenne.
Hierauf allgemeine Aufräumung u. Reinigung des Grabens, der Wege p.p, Instandsetzung der Böschungen, auch theilweiser Verputz derjenigen obern Mauertheile der Escarpen-Seite (älteres Mauerwerk) wie Herr Bauinspector Rupp, mit dem Sie sich ungesäumt in's Einvernehmen sezen sollen, angeben wird. –
Weißer Kalk darf hiezu nicht genommen werden, sondern die Farbe muß durch Zusatz von Sand und Portlant (und *vielleicht* etwas Kienruß) ein malerisches warmes, alterthümliches Ansehen erhalten – doch nicht allzu dunkel.

Brig. Stbfr. Bohnenberger

Graf Wilhelm an Strohbach

Lieber Strohbach!
Eben erst erhalte ich Ihr Schreiben vom 11ten d. M. und beeile mich zu erwiedern, daß ich mit dem beantragten *Durchzugsbalken* c d einverstanden bin. (Eingangsthüre bei Thurm II)

Vergessen Sie nicht über den Geschützscharten der oberen Etage die Fensteröffnungen *schmäler* zu machen – daß also, wie hier in anstehend rückfolgender Zeichnung [nicht erhalten] mit Röthel eingetragen, – die Breite *nicht* e f – sondern *g h* anzunehmen ist. Diese Breite g h darf nicht mehr als 8 Zoll betragen. Was die Schlitzfenster auf der Thurmseite gegen Thurm I anbelangt, so sollen davon vier i, k, l, m in gleichen Abständen angebracht werden – sie erhalten auch nur 8″ Breite und sind von Mitte zu Mitte ungefähr 3 1/2 Fuß entfernt. Wegen Veripsung im Inneren des Thurms II habe ich Herrn Bauinspector Rupp geschrieben. – Er sollte die Verschaalung v. Holz (mit Lattenstücken) durch ein Paar eingeübte Leute (ob es Zimmerleute oder Schreiner sind ist *gleichgültig)* nach Angabe des Herrn Bauinspectors geschehen. – Auf die Fenster und Scharten muß natürlich Rücksicht genommen werden. Die Verschaalung u Veripsung der Decke der oberen Etage muß, weil sie *nieder* ist, möglichst in den Dachstuhl hinaufragen, nach x zu.

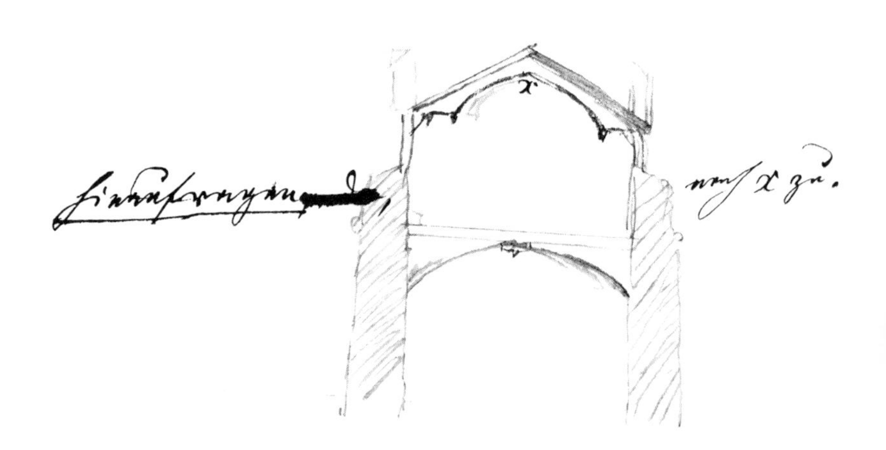

Doch habe ich das Weitere dem Herrn Bauinspector ganz überlassen. – Da das Holz wirklich sehr theuer ist und die Holzarbeit nicht minder, so wird es natürlich einfacher und wohlfeiler werden, wenn auch die Decke des oberen Stockes *vergipst* und dann holzfarbig angestrichen wird. –
Diese Arbeiten sollen so rasch als nur immer möglich ausgeführt werden. Auch soll der Glaser v Genkingen *sogleich* den Thurm II mit Fenstern versehen – wie bei Thurm I. – Das heißt die *Rahmen* dazu, denn ich werde gemalte Scheiben, die ich hier vorräthig habe, einsetzen lassen.
Die Seite gegen den Schloßhof zu kann aber *verglast* werden. – Die beiden *unteren* Spitzbogen*thürme* werden *vorerst* nicht geschlossen – weder durch *Thürme* noch durch Fenster.

Da der Eingang zur Höhle vor der Anschlußmauer im Graben nunmehr (da keine Pallissadeneinzäunung mehr dort ist) ganz ungesichert und jedermann zugänglich ist, so sollte ein Abschluß in der besprochenen Weise – aber möglichst *wenig* ausgedehnt – angebracht werden. –
Eine recht steile und hohe Erdböschung – (nach Umständen mit davorliegendem Gräbchen) – dürfte den besten Abschluß bilden. –

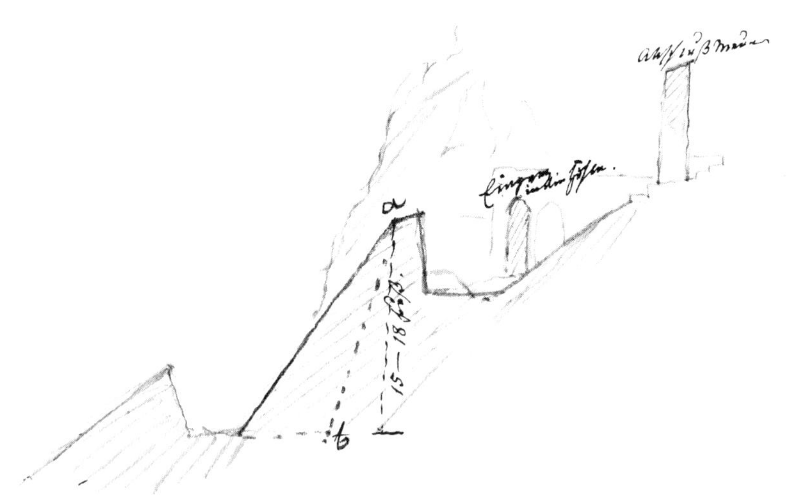

Wären *Steine* vorhanden, so wär es freilich viel besser, wenn die Escarpe a b trocken *gemauert* werden könnte. – Die noch lohnenden und *jedenfalls* wegzusprengenden Felsstücke der Contrescarpe des Burggrabens könnten reichliches Material darbieten.
Sie sind ermächtigt mit der Arbeit zu beginnen; – selbst mit dem Absprengen der Felsen der Contrescarpe – je bälder je lieber. –
Nur muß *Rücksicht* auf die Wurzeln der oben stehenden Bäume genommen werden. Die *Ausdehnung* (Länge) des Abschnittes muß möglichst *beschränkt* werden.

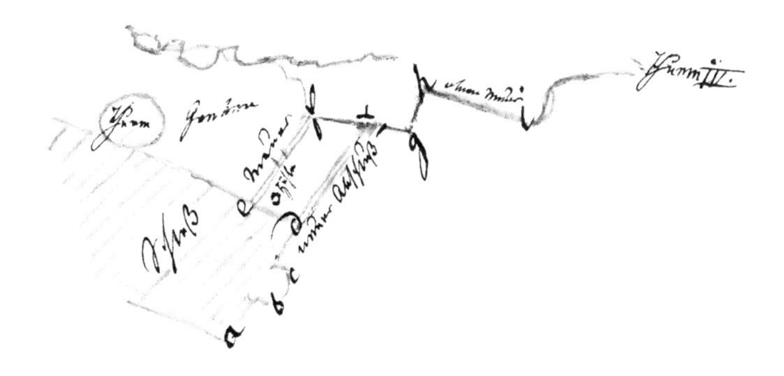

In voranstehender Zeichnung erhalten Sie einen Begriff.
Baldigste Nachricht über Ihre Ansicht, nach genommener Einsicht an Ort und Stelle – nebst flüchtiger Zeichnung a b c d e f g h i c.c. –

Freundl. grüßend.

Graf Wilhelm an Strohbach

[14. April 1857]

Lieber Strohbach!
In meinem gestrigen Schreiben habe ich vergessen zu bemerken, daß die Eingangsthüre in den oberen Stock von Thurm II viel zu nieder wird, wenn der obere Deckbalken nur bis auf die Höhe der Brüstungscrête des bisherigen Mauerwerks dieses Thurmes kümmt. Dieser obere Thürdeckbalken muß wenigstens 2 Fuß höher hinauf, damit auch große Leute aufrecht und ohne den Kopf anzustoßen durch die Thüre können. – Also *nicht* bis *a b*, sondern bis *c d* müßte diese Thüre hinaufreichen.

Ferner habe ich vergessen Ihnen zu bemerken, daß wegen des Wildes – *unverzüglich* für eine andere Unterkunft, als im Burggraben gesorgt werden muß; ich habe bei meiner letzten Anwesenheit in Lichtenstein schon mit dem Herrn Bauinspector Rupp einen Platz ausgesucht, der für einen kleinen Wildpark ganz passend ist.
Er befindet sich an der Straße, die vom Försterhause hinunter gegen die Hütte zu führt, gränzt an die Kalkgruben und an die Felsenparthie an der kleine Weege angebracht sind. – (Ist hier roth eingezeichnet.) –

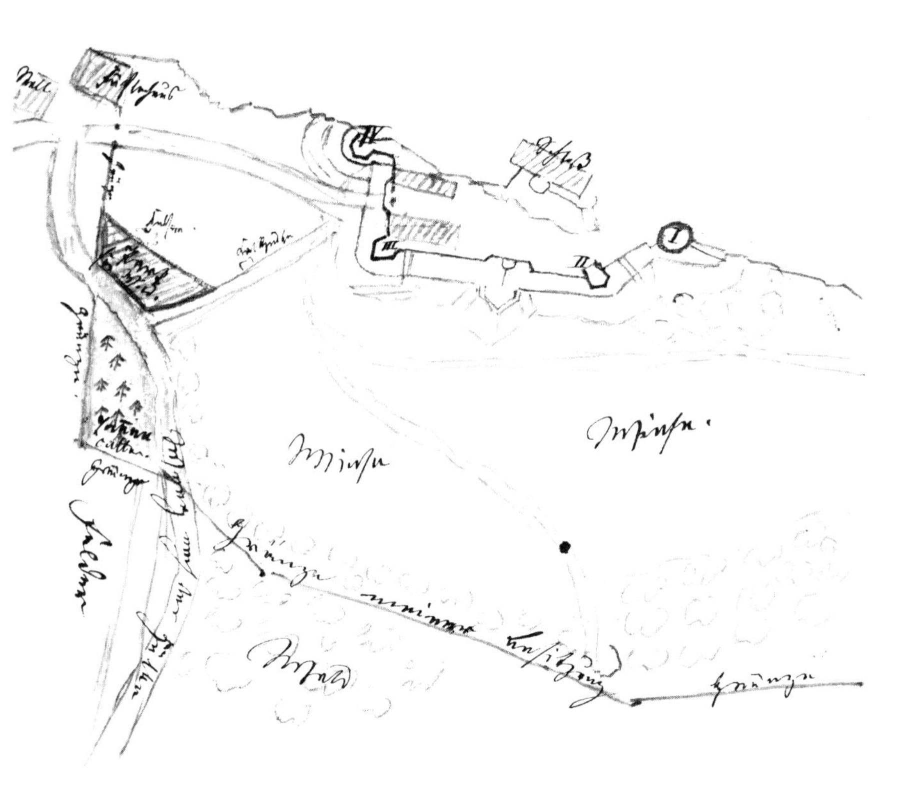

Graf Wilhelm an Strohbach

[Stuttgart, 17. 4. 1857]

Lieber Strohbach,
Der Thurm II wird, wenn er vollendet ist, von dem Schloßhofe aus etwas allzuregelmässig und langweilig aussehen.
Um diesem Uebelstande abzuhelfen, erhalten Sie hier eine Zeichnung [nicht erhalten].

In derselben habe ich nur ein *ganz kleines* Erkerthürmchen hingezeichnet, das der ganzen Sache abhelfen und dem Thurme, von allen Seiten gesehen, ein lebendigeres, malerisches Ansehen geben wird.
Das Erkerthürmchen hat *gar keinen andern Zweck,* als den der *gefälligeren Ansicht.*
. . .
Ob es von Riegelwerk oder ganz leichten Backsteinen gemacht wird ist ganz einerlei – es ist eine reine Zierade. – und wird späther mit hydraul Kalk u Sand beworfen. Das Dächlein in den eingezeichneten Dimensionen v. Holz und wird mit Filzpappendeckel, den ich schicken werde überdeckt. –
Von der Dachstube können Sie einen Schlupf hinein frei lassen, oder es ganz schließen; es erhält 3 kleine schmale Fensteröffnungen Schartenartig.
Hr Bauinspector Rupp wird die Sache genau angeben können – es ist wie gesagt eine bloße Papperei, die aber dem Ganzen viel mehr Zeichnung giebt. –
. . .

46–51 *Planskizzen des Grafen Wilhelm von Württemberg. (Sammlung Dr. Kuno Ziegler, Reutlingen). Verkleinert.*

52/53 *Ritter Lichtenstein und seine Tochter Marie aus dem Schreiber'schen Papiertheater.*

Das Nebelhöhlenfest im 19. Jahrhundert

Eine besondere Merkwürdigkeit von Wilhelm Hauffs historischem Roman muß der Umstand genannt werden, daß seine Hauptschauplätze – entgegen aller Tendenz einer Revision der mittelalterlichen Geschichte – in der freien Natur, der Landschaft der Schwäbischen Alb angesiedelt sind. Hauff kannte natürlich die Gegend zwischen Blaubeuren, Ulm und Tübingen, Hechingen. In seinen ›Memorabilien‹ aus der Seminar- und Studienzeit ist vielfach von sogenannten »Suiten« die Rede. Entscheidender aber als die eigene Ortskenntnis, die durch Gustav Schwabs Albführer zudem leicht aufzufrischen war, ist das von der romantischen Bewegung vor allem in Süddeutschland entwickelte neue Naturgefühl, das in den Nebelhöhlenfesten lebhaften Ausdruck fand. Die früheste Beschreibung der Nebelhöhle von 1805, Reisetagebücher von 1823 und 1848 und Beispiele früher Tourismus-Werbung aus den fünfziger Jahren stehen hier, vielfach ergänzbar, als Zeugnisse einer Bewegung, die durch Hauffs historisierende Adelung des Schauplatzes nur verstärkt werden konnte.

Das erste Nebelhöhlenfest 1803

»Zur Nachricht und Belehrung für Reisende, und Liebhaber der Naturseltenheiten« erschien 1805 im Stuttgarter Verlag Magazin für Litteratur eine ›Topographisch-physische Beschreibung des Nebellochs bey Pfullingen im Churfürstentum Wirtemberg‹, mit welcher der anonyme Verfasser auf die »Höchste Gegenwart Sr. Churfürstlichen Durchlaucht« im Nebelloch und auf dem Lichtensteiner Schlößchen und das sich daraus entwickelnde Nebelhöhlenfest reagierte. 1803 wurde die »Lichtensteiner Staig« eigens angelegt, um dem Regenten und den ihm folgenden Besuchern die Reise zu erleichtern. Auch der Eingang der Höhle wurde mit einer Treppe versehen, der Boden wurde geebnet oder mit hölzernen Brücken begehbar gemacht. Kurfürst Friedrich besuchte die Nebelhöhle am 4. August 1803 zum ersten Mal.

»Alsdann wurde die ganze Länge der Höhle hindurch auf beiden Seiten zur Beleuchtung, und zum bequemern Durchgehen der Hohen Anwesenden, zum genaueren und kennbareren Anschauen der so mannigfaltigen Natur-Scenen in dieser Höhle, theils auf den Felsen und Steinmassen, theils auf den dazwischen bis in die Höhe der Höhle angebrachten Leitern über 1000 brennende Lichter angebracht, ausser denen vornen und hinten und zur Seite begleitenden Fackeln. Diese sich so schön und zu aller Anwesenden Befriedigung ausgefallene Beleuchtung hat Veranlassung gegeben, eine zweite Beleuchtung am 19. August 1803. von einer aus mehrern hundert Personen, aus naher und entfernter Ge-

gend, geschlossenen Gesellschaft durch Subscription zu veranstalten, in deren Gegenwart sich eine vorzüglich mit blasenden Instrumenten stark besetzte Musik in dieser Höhle ganz vortreflich, und über alle Erwartung ausnahm, mit welcher ein großer Theil dieser Gesellschaft durch einen Ball in Pfullingen den Tag mit Vergnügen beschloß. – Der Verfasser dieser Blätter hat mit einer Gesellschaft ebenfalls einige Zeit darauf die herrliche Wirkung eines Flötenblasers ausnehmend schön gefunden, wie auch eben so die Lufterschütterung durch verschiedene losgebrannte Schwärmer dieser Nebellochs-Höhle. –
Obige Beleuchtung des Nebellochs ist nachhero auch im Jahr 1803. mehrere Mal vorgekommen, wie 1804. auch auf zuvorige Subscriptionen mehrerer 100 Liebhaber solcher Natur-Schönheiten von dem Hirschwirth in Pfullingen allemal bestens besorgt worden, der sich zugleich allda als Wirth mit denen besten Erfrischungen allemal antreffen ließ.«

Nebelhöhlenfest und Lichtenstein an Pfingsten 1823

Wilhelm Reiniger (1805–1824), ein angehender Theologe, der das Tübinger Stift in den Jahren 1823–1824 zusammen mit Wilhelm Hauff besuchte, hinterließ bei seinem frühen Tod einige tagebuchartige Aufzeichnungen, die seine Familie 1825 unter dem Titel ›Einiges aus Wilhelm Reinigers Nachlasse‹ bei J. J. Schönhardt in Tübingen drucken ließ.

»Statt der öden Einsamkeit standen wir plözlich mitten in einem lebendigen Kreise von allen Menschengattungen. Dort lag ein Haufe Studenten in den abenteuerlichsten Aufzügen, hier eine Gesellschaft Frauenzimmer, dort eine Musikantenbande, hier ein Schwarm Bauern, jung und alt, die alle jene als Wunder einer höheren Welt begafften, Marquedenter priesen ihre Lebensmittel, Bettler ihre Armut an, und in diesen wilden Chor kamen mit jedem Augenblicke neue Wagen an, deren Insassen von allen Seiten mit gierigen Blicken ausgeforscht und beaugenscheinigt wurden. Ganz umringt stiegen die schönen Kinder aus, und manche verriet durch die unwillkürlichen Zuckungen ihrer Füße und Achseln bei der lustigen Musik, daß ihnen nichts als ein Ball fehle, um ganz ausgelassen zu sein. Jeder herannahende Wagen wurde durch Kuhhirten bewillkommt, welche nicht ermangelten, sich ihre Kunst durch unverhüllte Forderungen bezahlen zu lassen. Nachdem einige Stunden lang dies bunte Gewimmel fortgedauert hatte, war die Höhle erleuchtet, und der Eintritt begann. Auf vielen Stufen stieg man hinab, und sah mit einem Mal eine weite und hohe Höhle vor sich, durch unzählige Lichter erhellt. Eine angenehme Musik vermehrte den Eindruck. Die Front der Höhle sah einer geräumigen Kirche und ih-

54 ›Ein Feiertag in Schwaben. Lichtenstein. Nebelhöhle‹. Schmuckblatt der Fues'schen Buchhandlung Tübingen. (Um 1880). Verkleinert. (Sammlung Prof. Dr. Karl Keim, Reutlingen).

Ein Feiertag in Schwaben
Lichtenstein Nebelhöhle
Hauff
Uhland
Zu Pfingsten gehts, Wald aus Wald ein,
Nach Nebelhöhle und Lichtenstein
Musik voran, im Zuge bunt,
So steigt man in der Höhle Schlund
Es schaut das Schlößchen Lichtenstein
Vergnüglich in die Welt hinein
Mit Herzog Ulrich, ihrem Meister,
Entflieh'n entsetzt, des Berges Geister
1519
1519
Das Treiben ist ganz wunderbar
Der Tropfstein auch höchst sonderbar
Ein wenig anders, als zuvor
Tritt man an's Tageslicht hervor
Auf dem Plateau, in duft'gem Wald
Erholt sich baldigst Jung und Alt,
Da gießt plötzlich mit Gebrause
Der Himmel seine Schleusen aus
Und was der Berggeist nicht hat beendet,
Das hat der Himmel nun vollendet

rer Wölbung nicht unähnlich; denn so gewaltig und unordentlich oft auch die Felsenmassen heraushingen, so war doch die Hand des Menschen nicht zu verkennen, die der Höhle ihre Form gegeben. Alles war von schwarzem Stein, der Boden geebnet, mit Brücken versehen und beleuchtet. Die Feuchtigkeit wurde erst in den Nebengängen merklich. . . Ein heller Gesang der Studenten in dieser Höhle imponirte sehr. Menschenwille und Naturkräfte, wen sollte der Kontrast nicht ergreifen! Wir stiegen wieder heraus in die Tageshelle, indes mehr von der glühenden Hize als dem schnellen Licht beengt. Das Herz war jezt sonderbar leer; denn die Eindrücke der unterirdischen Mächte füllen nicht, sondern beklemmen. Ohne eine zweite Schönheit, die man nie vorbeiläßt, wenn man die Höhle besucht, müßte diese all ihren Wert verlieren. Alles steuerte jezt Lichtenstein entgegen, der ganze halbstündige Weg war von Wagen, Reitern und Fußgängern übersät. Wir gelangten endlich auf einer Brücke über die Kluft hin zu dem einsamen Felsen, worauf das Haus steht. Bis jezt weiß noch keines etwas von dem bevorstehenden Anblick; nur wer schon öfters dagewesen, sucht seine Freunde auf die besinnungraubende Schönheit vorzubereiten. Aber was nüzen Worte! Man hat noch gar keine Vorstellung von dem, was man genießen soll, und glüht nur vor Erwartung, selbst zu sehen und zu richten. Jezt dringt man in das Zimmer, stürzt ans Fenster und sieht. Dieser Anblick ist unbeschreiblich und muß nothwendig durch jeden Näherungsversuch so viel verlieren, als das Nachbild unter der Erhabenheit der Idee steht. Die Aussicht verliert sich gegen vorn weit hinaus über die kleineren Berghügel, nur in der Mitte stellt sich ein genau regelmäßiger Kegel dem Auge entgegen. Auf beiden Seiten erheben sich hohe Bergzüge, von Natur waldig, aber durch Menschenhand, welche in langsam aufsteigenden Linien einen fahrbaren Weg bildete, halb glatt abgeschnitten. Im Thale sind mehrere liebliche Dörfchen, in unabsehlicher Ferne unten. Wenn aber das Auge zurückkehrt und an den Felsen vorn und neben hinabsieht, so drängt sich ein Schauder auf, mit wunderbarem Entzücken gepaart. Senkrecht, zum Teil nach einwärts gehende Felszacken gehen gerade hinunter, und auf ihren äußersten Spizen stehen gewaltige Bäume, um die man sich lagert, für das Entzücken allein offen, unbesorgt um die Gefahr. Die Großartigkeit der Natur hat alle Sinne betäubt; man könnte sich ohne Bedenken und Ueberlegung in die Kluft hinabstürzen. Tollkühn stellt man sich auf die hinausragenden Felsen, unter denen in entsezlicher Tiefe der Tod haust, und ein geringer Windstoß, der nicht im mindesten selten ist, würde demselben seinen Raub in den Rachen werfen. Aber so hoch man über dem Treiben der Menschen auf der Ebene steht, so hoch schwingt sich auch der Geist über das enge Erdenleben, man fühlt nur Eins, das unaussprechlich ist, und in ihm die Auflösung alles andern. Nicht die sinnlichen Gestalten, so groß sie auch sind, ergreifen; nur der Anklang einer höheren Idee an die harmonische Seele tönt und tönt immer stärker und kann bis

zur höchsten Exaltation sich steigern, wo der Geist sich nicht selbst mehr, sondern bloß Eine überschwängliche Größe empfindet. Am Firmament hallte der Donner, und eines der entzückendsten Schauspiele schien sich zu nahen, ein Gewitter um einen Felsen tobend, die wilde Größe der Natur um ihre ruhende Majestät, welche mit unerschüttertem Ernst ihr entgegensieht, sie an ihre Vergänglichkeit erinnernd. Ungern trennte ich mich von der erhabenen und niederwerfenden Szene, still kehrte ich zurück; auf jedem Schritt verfolgte mich das Bild der gesehenen Pracht halb lieblich, halb feierlich, und ein sehnsüchtiges Verlangen beherrscht meine ganze Seele:
›Dahin, dahin möcht' ich mit Euch, o meine Freunde zieh'n!‹ «

Lichtenstein und Nebelhöhle 1848

J. Mylius besuchte auf seiner ›Reise in die Rauhe Alb‹ die Nebelhöhle und den Lichtenstein mit einem Bergführer, den er sich in Pfullingen gemietet hatte. Mylius sah in der Nebelhöhle alle jene Gestalten, welche die Einbildungskraft ihres ersten Schilderers in der ›Topographisch-physischen Beschreibung des Nebellochs bey Pfullingen im Churfürstenthum Wirtemberg‹ (1805) entdeckt hatte und die vor allem in Gustav Schwabs berühmter Schilderung über die Neckarseite der Schwäbischen Alb Eingang gefunden hatten. Sein Reisebericht wird nach der Handschrift im Deutschen Literaturarchiv zitiert.

»Wir hatten heute vor, über den Wackerstein in die Nebelhöhle und auf den Lichtenstein zu gehen. Wir gingen also zuerst nach Pfullingen, wo wir uns erfrischten und einen Führer nahmen . . . Der Weg vom Wackerstein zur Nebelhöhle ist sehr angenehm, er führt durch den kühlen Wald. Als wir an der Nebelhöhle anlangten, waren schon der Führer und die Fakeln da. Die Höhle ist sehr großartig, besonders der erste Theil derselben ist gleich sehr imposant, auch sind die Felsen grade so gruppirt als eine Kirche. Man erkennt eine Kanzel, einen Altar, den Taufstein, eine Wiege und ein Wikelkindchen.
Es befindet sich in dieser Höhle ein Theil, welcher Ulrichshöhle heißt, weil sich der Herzog Ulrich da hinein geflüchtet, und lange da verweilt haben soll. Hierauf giengen wir auf den ziemlich nahe gelegenen Lichtenstein. Zuerst aßen wir etwas in der dortigen Wirthschaft. Das Schloß gehört dem Grafen Wilhelm von Württemberg. Es ist 5stökig. Im 1 Stock sind die Kapelle, der Rittersaal und die Trinkhalle, alles einfach und zugleich sehr schön. Die Plafon-Malereien sind von Heideloff, einem Nürnberger Maler.
Im 2ten Stock sind die Empfang- und Besuch-Zimmer, worunter ein prächtiger Salon. Im 3ten St. sind die Fremdenzimmer und im 4ten die Arbeitszimmer und die Schlafzimmer des Grafen und der Gräfin. Es ist ein runder Thurm da, worauf sich eine noch gebrauchbare Sternwarte befindet. Man hat von diesem

Thurme eine außerordentliche Aussicht. Wir sahen den Hohenzollern, alles was wir auf dem Wackerstein sahen, Groß-Engstingen, Schweizer- und Tyroler-Berge. Hierauf giengen wir wieder hinunter, und über Unter- und Ober-Hausen nach Pfullingen . . .«

Nebelhöhlenfeste im 19. Jahrhundert

Im ›Wochenblatt der Kreisstadt Reutlingen und Universitäts-Stadt Tübingen‹, später im ›Reutlinger Courier‹ oder im ›Amts- und Anzeigeblatt für die Stadt und den Oberamts-Bezirk Reutlingen‹ finden sich Jahr für Jahr um die Pfingstzeit die Anzeigen über die Beleuchtung der Nebelhöhle. Wilhelm Friedrich Buchrucker, der Pfullinger Hirschwirt, und Hauptmann Stricker von der Pfullinger Bürgerwehr luden zu konkurrierenden Veranstaltungen ein. 1848 mußte der Oberhausener Schultheiß Herrmann darauf hinweisen, daß »der Verkauf von Lebensmitteln auf dem Platz oberhalb der Nebelhöhle und der nächsten Umgebung nach dem Inhalt des Pacht-Vertrags nur allein dem Pächter Hirschwirth Meschenmoser in Pfullingen gestattet ist«, während die Wirte im Echaztal mit »Produktionen ausgezeichneter Blechmusik«, Ball und italienischen Nächten, mit »nagelneuen Musikstücken« und »Tanz im Freien«, mit »bengalischer Beleuchtung« um Besucher warben.

1848

Pfullingen.

Nebelhöhle-Beleuchtung.

(Unweit des Schlosses Lichtenstein.)

Der Pfingstmontag naht, der Festtag der Württemberger! Er fällt in die Zeit der Traubenblüthe, in die Kirschen- und Rosenzeit. — Nicht unwillkommen wird daher die Beleuchtung der Nebelhöhle an diesem Tage allen Denen seyn, die für Naturschönheiten empfänglich sind. So schüttelt denn ab auf einige Augenblicke die ernsten Tagesfragen, die ängstlichen Sorgen der vielbewegten Zeit und machet eine Bewegung in's Freie; auf die Berge, wo die Freiheit wohnt, auf die Berge, auf deren riesigen Altären vor wenigen Wochen die Hoffnungsfeuer einer besseren Zukunft loderten, auf die Berge, wo die beklommene Brust freier athmet, in den neubelebten Hain, wo jede Leidenschaft ruht und Alle sich brüderlich die Hand drücken: zur Nebelhöhle! Die Höhle wird, wie gewöhnlich, um 11 Uhr eröffnet.

Für recente Speisen, reine, gute Weine und vorzügliches Lagerbier wird bestens gesorgt, und eine wohlbesetzte Musik wird den Genuß des harmlosen Festes möglichst zu erhöhen suchen. Dieselbe Musik wird sich schon am Pfingst-Sonntag Nachmittags in meinem Garten hören lassen, und am Montag Abends 7 Uhr beginnt für die noch rüstigen Füße der Ball im dekorirten Saale. Da die Veranlassungen zu Festlichkeiten in dem Drang der Zeit so selten geworden sind, so hoffe ich auf desto zahlreicheren Besuch dieses ländlichen Frühlingsfestes, wozu ergebenst einladet

A. Meschenmoser, zum Hirsch.

1855

Pfullingen.

Um meinen Gästen bestens aufzuwarten,
Eröffne ich am Pfingstfest meinen Garten
Mit Lagerbier und gutem Wein,
Auch soll Musik, 8 Mann hoch, sein.
Am Montag, meine werthen Gäste,
Am jährlichen Beleuchtungsfeste,
Da gehts, versich're Sie auf Ehr',
In meinem Garten lustig her;
Da wird die Kehle wohl befeuchtet,
Auch mancher Gast gar hell beleuchtet,
Und Abends ist auf jeden Fall
Ein Honoratiorenball.
Wer also gern fidel will sein,
Den lade ich ergebenst ein;
Es wird die Gäste nicht gereuen,
Und mich wird Ihr Besuch erfreuen.
In Eile schreib ich dieß am Schalter,
Einladend Hirschwirth und Posthalter

Meschenmoser.

Der Lichtenstein, ein Fixpunkt historischer Mystifikation

»Es freut mich sehr«, schrieb Luise Hauff am 3. Februar 1827 aus Nördlingen an ihren Bräutigam, »das[s] man die Hochzeit aus Deinem Lichtenstein darstellt, soviel ich weiß gehört zu einer Hochzeit, auch ein Bräutigam, Du schreibst mir aber von keinem, am besten währe es wenn ihn der Herzog machte er würde gewiß am besten dazu passen, da ihm die Braut nicht gleichgültig ist.«
Der früheste Hinweis auf die Darstellung einer Szene aus Hauffs Lichtenstein bezieht sich möglicherweise auf die Hochzeit des Herzogs Paul von Württemberg (1797–1860) mit der Prinzessin Sophie von Thurn und Taxis (1800–1870) am 17. April 1827 auf Schloß Taxis bei Neresheim, also in der unmittelbaren Nachbarschaft von Nördlingen. Die Bemerkung ist ein Beleg für die mit den Jahren zunehmende Beliebtheit der Hauffschen Sage, die in den folgenden Jahrzehnten nachgedruckt und übersetzt, illustriert und für die Jugend bearbeitet, romanhaft ausgestaltet und nacherzählt, in Gedichtform übertragen und dramatisiert, vertont und für die Oper bearbeitet, für das Papiertheater eingerichtet und für die Freilichtbühne adaptiert wurde. Gegenstücke wie ›Herzog Ulrich von Würtemberg oder der Märtyrer am Bodensee‹ (1837) und Paraphrasen erschienen, etwa Reinhold Köstlins ›Mathildenhöhle. Novelle nach einer wahren Begebenheit‹ (1839). Lebende Bilder und Festzüge wurden veranstaltet. Roth in Stuttgart, Schreiber in Esslingen und Gustav Kühn in Neu-Ruppin boten Schloß Lichtenstein als Modellier-Bogen an; in Kartenspielen und Malbüchern, in Bilderalben und Prachtbänden wurde die ideale Ritterburg gefeiert, die man in Ulm und Reutlingen als weihnachtliches Backwerk auf dem Gabentisch fand. Sogar als Spielburg läßt sie sich nachweisen.
Bezeichnend für die Wertschätzung, die der erfolgreiche Verfasser des ›Lichtenstein‹ in Buchhändlerkreisen genoß, ist die Umbennenung des 1867 gegründeten Stuttgarter »Buchhandlungsgehilfen-Vereins e.V.«, der sich seit 1924 »Hauff. Verein jüngerer Buchhändler e.V.« nannte und seinen Namenspatron 1926 mit einer Jubiläumsausgabe des 100 Jahre alten Bestsellers feierte. Die Stiftungs-Feste standen von nun an unter dem Zeichen Wilhelm Hauffs. Auch eine Tübinger Verbindung »Lichtenstein« ist bekannt.
Die von Hauff erfundene Geschichte seines Helden, Herzog Ulrich, wurde in populären Drucken und Historienmalereien nacherzählt, und 1980 erbrachte ein Wettbewerb mit der Frage nach den Lichtenstein-Nachbauten für Haus und Garten über dreißig Einsendungen, wobei sich viele der Baumeister dazu bekannten, Hauffs ›Lichtenstein‹ niemals gelesen zu haben. Sie kannten seine Geschichte aus der mündlichen Überlieferung.
Die literarische Ausbeutung des Stoffes und die touristische Erschließung seiner

Schauplätze, die sich in der württembergischen Reformationsgeschichte mit der Wartburg vergleichen ließe, auf der Luther verborgen gehalten wurde, gingen Hand in Hand.

1803 war die Honauer Steige gebaut worden, um die beliebten Ausflugsziele leichter erreichbar zu machen. 1889 gelang es dem Handels- und Gewerbeverein in Reutlingen endlich, unterstützt von Denkschriften und Eingaben an die Kammer der Abgeordneten, die geplante Albüberquerung der Eisenbahn bei Urach zu verhindern und die Verbindung von Reutlingen nach Ulm und Sigmaringen über Honau durchzusetzen. Daß die Trassenführung gegenüber dem Schloß Lichtenstein nur mit Hilfe einer Zahnradbahn möglich war, die sich bereits in kürzester Zeit als völlig unwirtschaftlich erwies, wurde nicht mit regionalen Interessen begründet, sondern mit internationalen Bedürfnissen. Die ›Denkschrift über die Herstellung einer direkten Eisenbahn zwischen Reutlingen und Sigmaringen, in Verbindung mit einer Bahnlinie Reutlingen – Großengstingen – Ulm‹ (Sigmaringen 1872) argumentierte mit der »kürzesten, geradesten Verbindungslinie« zwischen dem »großen Völkerthor des Gotthard« und den »beiden ersten deutschen Seestädten Bremen und Hamburg«, die »durch das Honauer Tal über das Plateau der Alb« führe. Kein vernünftiger Mensch mochte sich solchen Überlegungen verschließen. Am 1. Oktober 1893 wurde die Zahnradbahn eröffnet, die neben der Honauer Olgahöhle, Schloß Lichtenstein und der Nebelhöhle eine weitere Attraktion darstellte.

Die neunziger Jahre des vorigen Jahrhunderts bildeten auch den Höhepunkt von Hauffs literarischem Ruhm.

Die 1830 von Gustav Schwab herausgegebene Ausgabe seiner ›Sämmtlichen Schriften‹ wurde 1837/38 in zehn Bänden mit Stahlstichen nachgedruckt und 1840 mit separaten Stahlstichen wieder aufgelegt. Eine 1846 bei Scheible in Stuttgart vorgelegte ›Gesammt-Ausgabe‹ erschien bis 1891 in 21 Auflagen, seit 1853 bei dem Stuttgarter Verleger Rieger. Seit den späten sechziger Jahren konkurrierten Werkausgaben von Hempel (1867) und Reclam (1870), Grote (1878) und Waldrodt (1882), Cotta (1889) mit Editionen, die Wilhelm Bölsche (1888) oder Cäsar Flaischlen (1891) herausgegeben und eingeleitet hatten. Keine deutsche »Klassiker-Bibliothek«, wie solche Reihenpublikationen in der Regel hiessen, mochte auf Wilhelm Hauffs Werke verzichten.

Die erste Einzelausgabe nach dem Erstdruck von 1826 erschien erst 1854 bei Rieger, geschmückt mit zwei Stahlstichen; sie erlebte bereits 1858 die 9. Auflage, obwohl im gleichen Verlag 1855 eine von Julius Nisle und Julius Schnorr illustrierte »Pracht-Ausgabe« auf den Markt gekommen war, die »Sr. Majestät, dem Allerdurchlauchtigsten Könige, Wilhelm von Württemberg« gewidmet war. Illustrierte Ausgaben, gekürzte und bearbeitete Ausgaben, ja selbst Ausgaben in stenographischer Umschrift erschienen nun in so großer Zahl, daß in

Herzog Ulrich

von

Würtemberg

oder

der Märtyrer am Bodensee.

Ein Gegenstück zu „Lichtenstein" von Wilhelm Hauff.

Mit Abbildungen.

Freiburg im Breisgau.
Verlag von Ludwig Waizenegger.
1837.

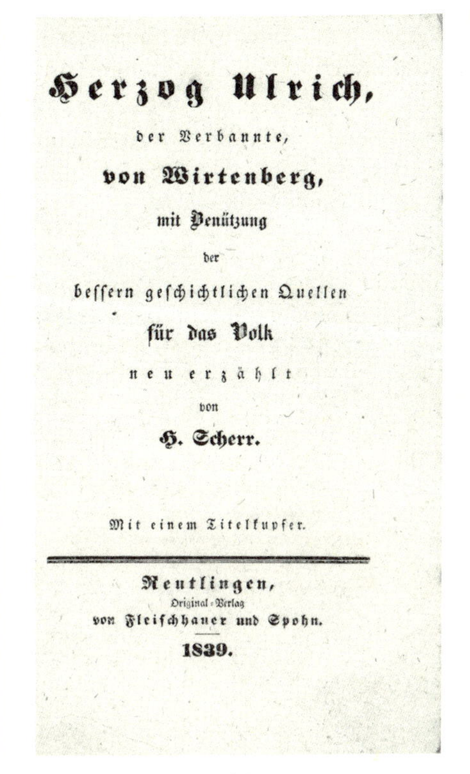

Herzog Ulrich,

der Verbannte,

von Wirtenberg,

mit Benützung

der

bessern geschichtlichen Quellen

für das Volk

neu erzählt

von

H. Scherr.

Mit einem Titelkupfer.

Reutlingen,
Original-Verlag
von Fleischhauer und Spohn.
1839.

57/58 Gegenstücke zu Hauffs ›Lichtenstein‹. (Scherr: Verlagsarchiv Fleischhauer & Spohn).

manchen Jahren zwischen einem guten Dutzend verschiedener Verlagsprodukte gewählt werden konnte. Schon in den dreißiger Jahren waren erste Übersetzungen erschienen: ins Dänische (1831), Französische (1834) und Englische (1839). Zwischen 1886 und 1900 kamen allein in Frankreich sechs verschiedene Übersetzungen heraus.

Die früheste Bühnenbearbeitung ging am 3. April 1834 über die Bretter des Wiener Burgtheaters. Verfasser der Bearbeitung war ein österreichischer Beamter, Christoph Kuffner (1780–1846), der seinen Herzog Ulrich als ›Guido von Ostenthal‹ verkleidete und erst den 1840 erschienenen Druck mit dem Titel ›Ulrich, Herzog von Württemberg‹ schmückte. Wenig später führte die Stuttgarter Königliche Oper einen von Nikolaus Stoessel vertonten ›Lichtenstein‹ in einer Textbearbeitung von Friedrich Zeller auf. Es war die erste von 15 verschiedenen Bearbeitungen des Stoffs bis zum Ende des vorigen Jahrhunderts, die in Bern und Trier, in Freiburg und Hermannstadt/Siebenbürgen oder Eisenach, naturgemäß vor allem aber in Stuttgart, auf die Bühne kamen. Ein halbes

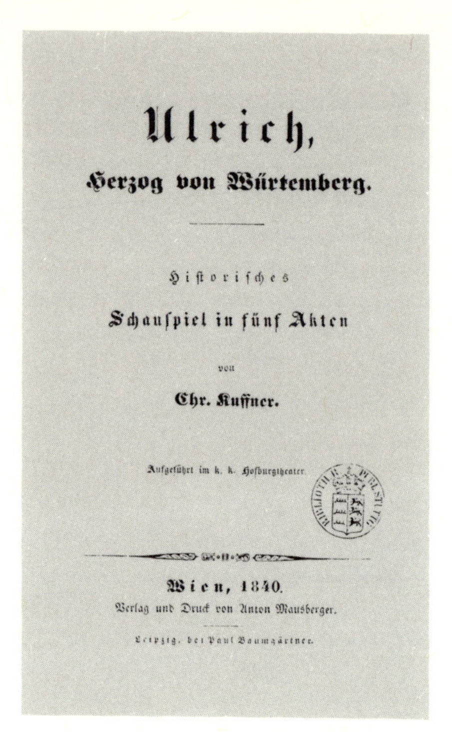

Ulrich,

Herzog von Würtemberg.

Historisches

Schauspiel in fünf Akten

von

Chr. Kuffner.

Aufgeführt im k. k. Hofburgtheater

Wien, 1840.

Verlag und Druck von Anton Mausberger.

Leipzig. bei Paul Baumgärtner.

59 *Die erste Dramatisierung. (Württembergische Landesbibliothek Stuttgart).*

STUTTGART.

Königliches Hof-Theater.

Mittwoch, den 26. August 1846.

Zur Wieder-Eröffnung der Bühne.

Zum Erstenmal:

Lichtenstein,

Oper in fünf Aufzügen. Text nach W. Hauff, von Franz Dingelstedt.
Musik von Kapellmeister v. Linpaintner.
In Scene gesetzt vom Regisseur Moritz.

Personen:

Ulrich, Herzog zu Württemberg und Teck — — — Hr. Pischek.
Ritter von Lichtenstein — — — — Hr. v. Kaler.
Marie, dessen Tochter — — — — * * *
Ritter Georg von Sturmfeder — — — Hr. Rauscher.
Der Pfeiffer von der Hardt — — — Hr. Arndt.
Margarethe, dessen Frau — — — — Mlle. Haus.
Bärbele, beider Tochter — — — — — Mlle. Waldhauser.
Der Bürgermeister von Ulm — — — — — Hr. Schucker.
Ritter von Schwaben — — — — — Hr. Jäger. Hr. List. Hr. Pfeifer. Hr. Braun. Hr. Kunz.
Traumgeist — — — — — — Hr. Maurer.

Ritter von des Herzogs Partei.
Ritter des schwäbischen Bundes.
Rathsherren von Ulm.
Frauen und Fräulein von Ulm.
Bürger und Bürgerinnen von Stuttgart.
Reisige, Landsknechte, Knappen.
Bauern und Bäuerinnen.

* * * Mad. Palm-Spatzer.

Dekorationen.

I. Akt: Großer Fest-Saal in dem Rathhause zu Ulm.
II. Akt: Freie ländliche Gegend mit des Pfeiffers Haus und der Fernsicht auf die Burg Lichtenstein.
III. Akt: Saal auf Burg Lichtenstein.
IV. Akt: Das Innere der Nebelhöhle.
V. Akt: Ulrichs Lager. Im Hintergrunde das alte Stuttgart.

Die mit der Handlung verflochtenen Tänze sind vom Balletmeister Fenzl.

Die Dekorationen sind entworfen vom Hof-Theatermaler Krämer und gemalt von demselden und Hof-Theatermaler Keller.

Der vollständige Text dieser Oper ist bei Musikalienverwalter Fein, Gymnasiumsstraße Nr. 43 und Abends beim Eingang des Theaters für 12 Kreuzer zu haben.

Preise der Plätze:

Erste Gallerie: in Logen . . fl. 1. 12 kr. Sperrsitz . . fl. 1. 12 kr.
Zweite Gallerie: in Logen . . fl. 1. — nummer. Platz fl. 1. — Offene Plätze . — 48 kr.
Parterre: Sperrsitz . . fl. 1. — Offene Plätze — 48 kr.
Dritte Gallerie: in Logen . . . — 36 kr. Offene Plätze. — 24 kr.
Vierte Gallerie. . . . . — 12 kr.

Der Anfang ist um 6, das Ende 10 Uhr.

Freitag den 28. Aug.: „Die Jungfrau von Orleans," romantische Tragödie in fünf Akten und einem Prolog von Schiller.

60 *›Lichtenstein‹ als Oper. (Württembergisches Staatstheater, Stuttgart).*

Dutzend von Dramatisierungen für die Sprechbühne kommen hinzu, darunter auch Bearbeitungen, die das Thema sozial verlagern und den Pfeifer von Hardt in den Mittelpunkt stellen.

Daß mancherlei Schwierigkeiten aus dem Wege geräumt werden mußten, um die königliche Geneigtheit zur Verherrlichung seiner Ahnen zu erlangen, beweist ein Brief des Librettisten Zeller an die Intendanz der Württembergischen Hoftheater vom 8. Januar 1842, nachdem Wilhelm I. die Aufführung zunächst untersagt hatte. »Dem Vernehmen nach ist Sr. Majestät die Epoche der Württembergischen Geschichte, welche in der Oper bearbeitet ist, nicht angenehm, auch sollen Se. Majestät keine historischen Gemälde aus dieser Periode im Schloße malen laßen; aber, wenn Euer Hochwohlgeboren den Text durchzugehen, sich bemühen wollen, so werden Sie finden, daß alle anstößigen Momente darinn vermieden sind, und alle Scenen, sowohl was den Charakter des Herzogs Ulrich, als die Verhältnisse des Landes und den Charakter seiner Bewohner betrifft, ein ungetrübtes Bild eines geprüften edlen Fürsten und eines treuergebenen Volkes geben, das zu einem Nationalwerk geeignet seyn dürfte, und wohl

vielseitigen Anklang finden würde, indem die Sagen von Hauff und mannichfaltige Bilder darüber beinahe in jeder Hütte anzutreffen sind, auch der Lichtenstein in seiner romantischen Restauration wieder neues Interesse bietet. Se. Erlaucht, Graf Wilhelm hat sich schon früher theilnehmend über das Ganze ausgesprochen.«
Aufmerksamkeit verdient auch die »Große historische Oper in fünf Akten«, mit der am 26. August 1846 das Stuttgarter Hoftheater nach eingreifenden Umbauten wieder eröffnet wurde. Der seit kurzem in Stuttgart ansässige Dramaturg Franz Dingelstedt hatte sich mit Hofkapellmeister Peter von Lindpaintner verbündet. Dingelstedts Text wurde zwar wegen seiner Mißhandlungen der schwäbischen Sitte und Sprache scharf angegriffen, aber die Einstudierung von Regisseur Moritz hielt sich zwei Jahre im Repertoire. »O goldner Morgen, lachst du endlich wieder / Herab auf meine fieberfreie Stirne«, wurde dem genesenden Georg von Sturmfeder im 2. Akt in den Mund gelegt. »Sonne« reimt sich auf »Wonne« und »Liebe« auf »Triebe«: der Erfolg war vorausgeplant, wenn sich auch das Stuttgarter Theaterpublikum besonders darüber beklagt haben soll, daß sich Dingelstedt Freiheiten in der Bearbeitung gegenüber dem historisch authentischen Hauff herausgenommen hatte!
Einen Höhepunkt in der langen Geschichte der Lichtenstein-Adaptionen – mit Festzügen etwa zum 500jährigen Münsterjubiläum in Ulm (1877) und zur Feier

61 ›Lichtenstein‹ als Digest. (Sammlung Friedrich Sommer, Marbach).

62 ›Lichtenstein‹ fürs Papiertheater. (Württembergisches Landesmuseum, Stuttgart).

des Münsterausbaus (1889) – bildeten »Das Lichtensteinspiel in Honau (Württemberg)«, das 1901 »unter dem Protektorat Sr. Durchlaucht des Herzogs Wilhelm von Urach« in 25 Aufführungen in Szene ging. ›Bühne und Brettl‹, 2. Jg., Nr 15 von 1901 meldete: »In einer eigens zu diesem Zwecke erbauten und nach Plänen des Bauinspectors Kempter-Reutlingen im Style einer mittelalterlichen Burg ausgeführten Festspielhalle, am Fuße des Lichtensteinschlosses gelegen, wird das Werk von über 100 Bewohnern des Echazthales und der nächsten Umgebung dargestellt. Die Festspielhalle faßt über 2000 Personen, der Bühnenraum ist 200 qm groß.«

Rudolf Lorenz, der Verfasser des ›Lichtenstein. Ein deutsches Spiel in 9 Vorhängen nach Hauff's romantischer Sage‹, war Direktor der Halleschen Theater- und Redekunst-Schule. Er übernahm selbst die Regie und trat in der Rolle des Herzog Ulrich auf. Die ›Frankfurter Zeitung‹, Nr 146, vom 28. Mai 1901, berichtete:

»Am weitaus besten haben mir die Scenen gefallen, in denen Volksempfinden zum wirklichen Ausdruck kommt und die Darsteller so reden konnten oder mußten, wie ihnen der Schnabel gewachsen; so z. B. in den Auftritten zwischen Bärbele und ihrer Mutter, der resoluten Pfeifersfrau, sowie dem verwundeten Junker Georg. Auch bei dem Ulmer Bankett und in der Pfullinger Wirtshausscene kam die derbe natürliche Art zu ihrem Rechte. Außer dem Bärbele und der ergötzlich derben Pfeifersfrau waren noch der zierliche Rathsschreiber, der Truchseß von Waldburg, Frundsberg, Breitenstein, Marx Stumpf von Schweinsberg, namentlich auch der Pfeifer von Hardt gut dargestellt und auch manche der kleineren Rollen wurde hübsch gegeben. Daß Direktor Lorenz als Herzog Ulrich seiner Aufgabe durchaus gerecht wurde, braucht nicht hervorgehoben zu werden. Die Marie war gerade in der Liebesscene gar zu geziert und unnatürlich und der Georg von Sturmfeder bewegte sich in einem schier unerträglichen Pathos.«

1901 sahen 36000 Besucher das ›Lichtensteinspiel‹, darunter das württembergische Königspaar und Mitglieder der königlichen Familie. 1902 wurde eine gestraffte Fassung gegeben, 1903 ein zweiter Teil, der den Versuch einer Rückkehr des Herzogs (1519) und die zweite Flucht behandelte. Wiederum war das Textbuch »Seiner Majestät König Wilhelm II. von Württemberg in tiefster Ehrfurcht gewidmet«. In einem Vorwort betonte Lorenz:

»*Die große vaterländische Bedeutung des gesunden Verhältnisses zwischen Fürst und Volk ist der Leitgedanke des Spiels,* besonders aber des zweiten Teils. Daß dieser Leitgedanke und damit die Gestalt Ulrichs in einem Volksschauspiel derart hervortritt und vom Volksspieldichter *so* behandelt werden muß, wie es ein gut

63 ›Lichtenstein‹ auf der Freilichtbühne. (Sammlung Prof. Dr. Karl Keim, Reutlingen).

Unter dem Protektorat
Sr. Durchlaucht des Herzogs Wilhelm von Urach, Grafen von Württemberg.
Lichtensteinspiel
in HONAU, Württbg.
1903
nach Hauff's
Lichtenstein
Volks-Schauspiel
dargestellt durch Bewohner der Umgebung des Lichtensteins
III. Teil:
Von Mömpelgard bis
Köngener Brücke
Spieltage: Pfingstmontag
und die nachstehenden Sonntage
7., 14., 21. Juni, 5., 12., 19. Juli, 2., 9., 16., 30. August
und 6. September
28. Juni, 26. Juli und 23. August findet keine Aufführung statt.
Eintritts-Preise:
(Sämmtliche Sitzplätze sind numerirt)
Logen: M. 3.–
I. Pl.: M. 3.–
II. Pl.: M. 2.–
III. Pl.: M. 1.–
Stehplatz: 50 Pf.
An jedem Vorstellungstag ist die Nebelhöhle Vormittags beleuchtet.
Uebersicht der Plätze
Hauptfaçade der Festspielhalle
Vorverkauf (Vormerkungsgebühr 20 Pf. pro Billet) bei Herrn
J. Kocher, Buchhandlung, Reutlingen
Telephon No. 134.

monarchisches Gefühl erfordert, sollte eigentlich selbstverständlich sein; es hat mich deshalb mit Erstaunen erfüllt, daß man, während der Drucklegung, mir Einwürfe gemacht hat zu gunsten einer idealisierenden Schilderung des *Volkes* in Verbindung mit einer ungünstigen Behandlung der *Herrschergestalt Ulrichs*. Abgesehen davon, daß dies eine Fälschung des Ulrichscharakters wäre. . . würde eine solche Auffassung vom Wesen des deutschen Volksschauspiels unbedingt falsch sein.«

Während sich Wilhelm Hauff wegen seiner Darstellung des historischen Herzogs vor seinen Lesern noch entschuldigen zu müssen glaubte, wies Lorenz jede Infragestellung der »Herrschergestalt« als Zumutung, ja als Fälschung der Geschichte zurück. Die Sage hatte die Geschichte aus dem Bewußtsein verdrängt.

Aufführungen der Ulrich-Sage blieben bis in die fünfziger Jahre unseres Jahrhunderts auf den Programmen der süddeutschen Freilichtbühnen. In Aalen wurde sie 1901 gegeben; in Dietlingen bei Pforzheim standen 1913 600 Darsteller auf der Bühne, als Otto Eichrodts »Schauspiel in 8 Bildern« in Gegenwart des Prinzen Max von Baden aufgeführt wurde; in Reutlingen wurde sie 1936 und, als Ergebnis einer Besucherbefragung, 1954 aufgeführt. Verwunderlich wäre es nicht, wenn morgen eine neue Aufführung angekündigt würde.

Wilhelm Hauff hatte seine romantische Sage den Romanen von Walter Scott nachgebildet. Sein erklärtes Ziel war, die Vorzeit der württembergischen Geschichte mit lebenden Bildern auszuschmücken, um damit die eigene, vaterländische Geschichte bekannt zu machen. Die Erwartungen des Autors an den jungen württembergischen König Wilhelm I. wurden auf den historischen Ulrich projiziert. Hauffs historische Mystifikation wurde für das Verhältnis zwischen den württembergischen Königen und ihren Untertanen verbindlich. Auch zahlreiche Anekdoten und Erinnerungen an den letzten württembergischen König Wilhelm II., der 1918 zurücktreten mußte, bestätigen das von Wilhelm Hauff entworfene Bild.

Nachbemerkung

Weder Jahrestage in der Biographie von Wilhelm Hauff noch jubilarische Daten der romantischen Sage ›Lichtenstein‹ bestimmen das Erscheinen dieses ›Marbacher Magazins‹, das die Ausstellungen im Schiller-Nationalmuseum Marbach und in Honau-Lichtenstein als Lesebuch begleitet. Aber an Wilhelm Hauff erinnern sich Tausende, die Jahr für Jahr den Lichtenstein und die Nebelhöhle besuchen.

Am Zustandekommen von Ausstellung und Katalogbuch waren viele beteiligt: als Leihgeber, mit Auskünften, durch Überlassung von Dokumenten. Ihnen allen sei ausdrücklich gedankt. Die Anregung von Frau Lore Ziegler, Lichtenstein, das teilnehmende Interesse des Lichtensteiner Gemeinderats und seines Bürgermeisters Ernst Braun und die Hinweise des Schloßherrn, Carl Gero, Herzog von Urach, Graf von Württemberg, kamen dem seit langem geplanten Vorhaben zugute, den literarischen und kulturgeschichtlichen Aspekten eines historischen Romans aus dem ersten Drittel des vorigen Jahrhunderts nachzugehen.

Die biographischen Zusammenhänge des Schriftstellers Wilhelm Hauff, sein Wunsch – wie Menzel es ausdrückt – »so bald und so stark als möglich Aufsehen zu erregen«, ließen sich in ihren vielfältigen Verflechtungen am genauesten in chronikalischer Form darstellen. Hauff hat noch heute eine große Lesergemeinde; als Gegenstand der Literaturwissenschaft wird er eher vernachlässigt. Vorarbeiten zu einer Biographie und die Mitteilung bisher unveröffentlichter oder wenig bekannter Briefe über sein schriftstellerisches Credo schienen als Voraussetzung zum Verständnis seines historischen »Tendenz«-Romans angebracht.

Für zeitraubende Recherchen und Nachweise zur Biographie, Werk- und Wirkungsgeschichte habe ich besonders zu danken: Mlle Christiansen von der Bibliothèque Nationale et Universitaire, Strasbourg; Christoph Freiherr von Gemmingen-Guttenberg, Guttenberg; Ephorus Dr. Hertel, Tübingen; Hugh Cobbe, British Library, London; Prof. Dr. Karl Keim, Reutlingen; Gabriele Freifrau von Koenig-Warthausen, Warthausen; Helmut Nieß, Ulm; Prof. Dr. Theodor Pfizer, Stuttgart; Friedrich Sommer, Marbach; Dr. Reinhard Wittmann, Hausham. Den Kollegen des Württembergischen Landesmuseums, Stuttgart – besonders Helmut Herbst –, der Württembergischen Landesbibliothek, der Staatsgalerie, des Stadtarchivs Reutlingen, des Staatsarchivs Ludwigsburg sowie Dr. Thomas Roth von den Staatlichen Museen Preußischer Kulturbesitz/Museum für Völkerkunde, Berlin, bin ich für Auskünfte und Leihgaben dankbar.

Für Rat und Hilfe bei der Erarbeitung des Katalogs und der Ausstellung danke ich herzlich meinen Marbacher Kollegen Eva Dambacher, Hildegard Dieke, Lore Huss, Karlheinz Kirkamm, Ingrid Kussmaul, Beate Küsters, Dr. Hans-Ulrich Simon und Christine Wensiecki.

F. P.

64 Die Hirschwirtin von Pfullingen aus dem Schreiber'schen Papiertheater.

Quellennachweis

Für die Chronik wurden sämtliche im Schiller-Nationalmuseum/Deutschen Literaturarchiv sowie die im Cotta-Archiv (Stiftung der ›Stuttgarter Zeitung‹) in Marbach liegenden Briefe von und an Wilhelm Hauff, die dort verwahrten Dokumente und Lebenszeugnisse und die umfangreiche Sammlung von Zeitungsausschnitten seit der Jahrhundertwende ausgewertet. In Einzelfällen wurden Briefe Dritter herangezogen. Die Vorlagen zu den Abbildungen stammen, wenn nicht anders vermerkt, aus dem Deutschen Literaturarchiv.

Ausgewertete gedruckte Zeugnisse:

Hans Hoffmann, Wilhelm Hauff. Eine nach neuen Quellen bearbeitete Darstellung seines Werdeganges. Mit einer Sammlung seiner Briefe und einer Auswahl aus dem unveröffentlichten Nachlaß des Dichters. Frankfurt/Main: Diesterweg 1902.

Briefe, Gedichte, Entwürfe von Wilhelm Hauff. Mitgeteilt von Otto Güntter, in: Schwäbischer Schillerverein Marbach – Stuttgart. Einunddreißigster Rechenschaftsbericht über das Jahr 1. April 1926/1927. Stuttgart 1927.

Heinrich Tidemann, Wilhelm Hauff in Bremen. Die Entstehung der ›Phantasien im Bremer Ratskeller‹. Sonderausgabe der Abhandlungen und Vorträge der Bremer Wissenschaftlichen Gesellschaft. III. Jg, Heft 1/2, Mai 1929. Bremen: Schünemann 1929.

Wilhelm Hauff, Werke. 2 Bde. Hrsg. von Hermann Engelhard. Stuttgart: Cotta 1961 f.

Wilhelm Hauff, Werke. 2 Bde. Hrsg. von Bernhard Zeller. Frankfurt/Main: Insel 1969.

Wilhelm Hauff, Sämtliche Werke. 3 Bde. Nach den Originaldrucken und Handschriften. Textredaktion und Anmerkungen von Sibylle von Steinsdorff. Mit einem Nachwort und einer Zeittafel von Helmut Koopmann. München: Winkler 1970.

Biographische Quellen:

Schwab: Gustav Schwab, ›W. Hauff's Leben‹, in: ›Wilhelm Hauff's sämmtliche Schriften, geordnet und mit einem Vorwort versehen von Gustav Schwab‹. Erstes Bändchen. Stuttgart: Fr. Brodhag 1830.

Kerner: Justinus Kerner, ›Das Bilderbuch aus meiner Knabenzeit. Erinnerungen aus den Jahren 1786 bis 1804.‹ Braunschweig: Friedrich Vieweg und Sohn 1849.

Menzel: ›Wolfgang Menzel's Denkwürdigkeiten‹. Hrsg. von dem Sohne Konrad Menzel. Bielefeld/Leipzig: Velhagen & Klasing 1877.

Gutzkow: Karl Gutzkow, ›Rückblicke auf mein Leben‹. Berlin: A. Hofmann & Co 1875.

Klaiber: Julius Klaiber, ›Wilhelm Hauff‹, in: ›Nord und Süd‹, 5. Band, 1878, S. 212 ff. Berlin: Stilke 1878.

Brockhaus: ›Aus den Tagebüchern von Heinrich Brockhaus‹. In fünf Theilen. Als Handschrift gedruckt. Erster Theil. Leipzig: F. A. Brockhaus 1884.

Huber/Geiger: Ludwig Geiger, ›Therese Huber. 1764 bis 1829. Leben und Briefe einer deutschen Frau.‹ Stuttgart: J. G. Cotta'sche Buchhandlung Nachfolger 1901.

Alexis: Willibald Alexis, ›Erinnerungen.‹ Hrsg. von Max Ewert. Neue Ausgabe. Berlin: Concordia Deutsche Verlags-Anstalt Hermann Ehbock 1905.

MARBACHER MAGAZIN 18/1981 für die Hauff-Gedenkstätten in Baiersbronn, auf Schloss Guttenberg und in Honau-Lichtenstein. 2., durchgesehene Auflage. 10.–11. Tausend.

Herausgegeben von Bernhard Zeller. Redaktion: Friedrich Pfäfflin. Gesamtherstellung: Dr. Cantz'sche Druckerei, Ostfildern.
ISBN 3-928882-07-4